KB112456

박남옥

■ 이 도서의 국립중앙도서관 출판시도서목록(CIP)은
서지정보유통지원시스템 홈페이지(http://seoji.nl.go.kr)와
국가자료공동목록시스템(http://www.nl.go.kr/kolisnet)에서 이용하실 수 있습니다.
(CIP제어번호: CIP 2017026852)

박남옥

한국 첫 여성 영화감독

박남옥

마음산책

박남옥

1판 1쇄 인쇄 2017년 10월 25일
1판 1쇄 발행 2017년 10월 30일

지은이 | 박남옥
펴낸이 | 정은숙
펴낸곳 | 마음산책

편집 | 이승학 · 최해경 · 류기일   디자인 | 이혜진 · 이수연
마케팅 | 권혁준 · 김종민   경영지원 | 박지혜

등록 | 2000년 7월 28일(제13-653호)
주소 | (우 04043) 서울시 마포구 잔다리로 3안길 20
전화 | 대표 362-1452 편집 362-1451   팩스 | 362-1455
홈페이지 | http://www.maumsan.com
블로그 | maumsanchaek.blog.me
트위터 | http://twitter.com/maumsanchaek
페이스북 | http://www.facebook.com/maumsanchaek
전자우편 | maum@maumsan.com

ISBN 978-89-6090-338-8 03300

* 책값은 뒤표지에 있습니다.

나는 하루라도 더 살고 싶다.
우리나라 여성 영화인들이
좋은 작품을 만들고
세계로 진출하는 것도 보고 싶다.

최초의 여성 영화감독 분투기

조선희(소설가, 전 한국영상자료원장)

지난 4월 박남옥 감독이 LA에서 타계하셨다는 소식을 나는 임순례 감독의 페이스북에서 알았다. "어머님이 어제 자로 소천하셨다"라는 따님의 이메일을 받았다고 했다. 임순례 감독은 그녀를 "투포환선수 출신이시라 체력도 좋으셨고 성격도 호쾌하시고 유머 감각도 많으셨던 멋진 분, 연세가 많으시고 미국에 오래 계셨어도 늘 한국 영화에 대한 애정과 관심을 놓지 않으셨던 분"이라고 회고했다.

나의 첫 반응은 "여태 살아 계셨구나"였다. 1997년 내가 〈씨네21〉 편집장 때 '여성감독 1호 박남옥'을 특집으로 다룬 기억이 있다. 또 한국영상자료원장 때 그의 16mm 장편영화 〈미망인〉을 상영했던 기억도 있다. 하지만 그 후 10년 동안 그는 잊혀졌다. 우리가 이름을 기억하는 많은 인사들이 현역을 떠나면 시야에서 사라지고 침묵의 얼마간이 흐른 다음 부고로 찾아오곤 한다.

박남옥, 1923년생, 우리 나이로 95세. 그는 세상을 떠나고 자서전『박남옥』이 우리를 찾아왔다. 그의 외동딸인 이경주 씨가 생전에 어머니가 써놓은 원고들을 그러모으고 손수 타이핑해 출판사에 보내온 것이다. 이 자서전은 지금 우리로서는 상상할 수도 없는, 아무런 인프라가 없는 1950년대 영화판에서 그야말로 '맨땅에 헤딩'하며 악전고투했던 영화 〈미망인〉의 메이킹 다큐다. 또한 동시에 1930년대부터 1970년대까지 50년의 한국 현대사를 투포환 선수답게 거침없이 가로지르며 질주하는 씩씩하고 도전적이고 재능 있는 한 여성의 연대기다. 화가를 꿈꾸었으나 부모의 반대로 이화여전 가정과에 들어갔다 중퇴하고 도쿄에 미술 공부하러 가겠다고 낡은 목선을 타고 밀항하다 배가 좌초하는 바람에 일본의 수용소에 있다가 돌아오기도 했던 이 여성, 박남옥이 식민 시대와 해방 공간과 6·25전쟁과 이승만·박정희 시대를 통과하면서 거쳤던 직업은 다채롭다. 신문사 문화부 기자, 영화 촬영소의 제작부, 영화감독, 그리고 출판사. 그가 〈시네마 팬〉이라는 영화잡지를 만들었다는 것도 처음 알게 된 사실이다.

우리가 '한국 최초의 여성 영화감독 박남옥'을 기억할 때 그의 유일한 작품 〈미망인〉만큼이나 유명한 것이 아이를 업고 촬영 현장에 서 있는 사진이다. 파마머리, 한복 차림에 어린 아이를 포대기에 업고 있는 여성, 강단이 느껴지는 얼굴에 좀 지쳐 보이는 표정으로 카메라를 바라보고 있는 그녀는, 〈미망인〉을 찍던 서른둘 나이의 박남옥이다. 이 한 컷의 사진은 우리의 호기심을 자극한다. 도대체 그때 영화판에서는 무슨 일이 있었나. 이 책은 그 질문에 대한 흥미진진한 답변이다.

1954년 6월에 아이 낳고 사흘 만에 영화 구경 나왔던 영화 마니아인 그녀는 출산한 지 보름 만에 영화 제작에 나선다. 갓난아이를 들쳐 업고 한 손에 기저귀 가방을 든 채 그는 배우와 스태프 들 밥값을 아끼기 위해 아침에 시장을 봐서 점심을 준비해놓고 영화 촬영에 들어갔다. 그는 〈미망인〉의 제작자이자 감독이었고 때론 조명 기사, 밥차 아줌마였으며 영화가 완성된 다음에는 배급도 했다.

영화의 완성도나 흥행을 이야기하는 것은 의미 없다. 중요한 것은 여자가 영화판에서 할 수 있는 것은 배우뿐이었던 시대에 그녀가 카메라를 들었다는 것. 새해 시작부터 여자의 작품을 해주면 재수 없다고 녹음실에서 작업을 거절하는 1950년대의 영화판에서 제작을, 연출을 시도했다는 것. 그 전쟁 같았던 경험은 그녀 개인에게 이혼의 상처를 안기기도 했으나, 그녀가 영화 한 편 찍고 영화판을 떠나버린 것은 우리로선 안타까운 일이다.

"카메라의 눈이 바뀌면 세상이 바뀐다"라는 말이 있지만 우리 사회에서 여성 권력을 좀처럼 허용하지 않아온 분야 가운데 하나가 영화판이다. 여성은 오래전부터 관객이었고 배우였다. 카메라의 눈이 여성의 것인 일은 드물었다. 여성들은 늘 영화의 소비자일 뿐 영화적 발언으로부터는 소외돼왔다. 그 험악했던 시대에 박남옥과 홍은원, 최은희 같은 여성 감독 1세대가 고군분투했지만 영화수업을 제대로 받고 '작가' 칭호를 들으면서 여성

감독 한둘이 본격적인 활동을 시작한 것은 90년대 이후다. 그리고 서배 여성 영화인들에 관심을 갖기 시작한 것 역시 90년대. 1950년대에 영화 한 편을 만들고 사라진 박남옥의 이름은 40년 만에 한 영화학도의 석사논문에 등장했고, 서울여성영화제가 그 첫 해에 〈미망인〉을 상영했으며, 그 과정이 담긴 짧은 다큐멘터리가 2003년에 공개됐다.

이렇게 해서 우리는, 너무 일찍 영화계를 방문했고 마치 '1인 군대'처럼 분투하다가 시대적 한계에 등 떠밀려 사라졌던 한 '신여성'을 만날 수 있었다. 그리고 그가 세상을 떠난 이제, 젊은 엄마 등에 업혀 있던 아기가 어른이 되어 그 엄마, 최초의 여성 영화감독 박남옥의 일생에 걸친 분투기를 전해주는 것이다.

차례

▪ 일러두기

1. 이 책은 박남옥 감독이 여생을 정리하며 1999~2002년 사이에 집필하고 딸 이경주가 타이핑해 옮긴 것이다.
2. 시대 배경 이해를 위해 편집자주를 달고 글줄 상단에 맞춰 작게 표기했다.
3. 외국 인명, 지명, 작품명 및 독음은 외래어 표기법을 따르되 당시의 분위기를 잘 반영하는 몇몇 단어들은 예외로 했다. 예) 랏슈, 아후레코, 도나쓰, 동경 등.
4. 영화명, 잡지와 신문 등의 매체명, 곡명은 〈 〉, 책 제목은 『 』, 단편소설 제목, 기타 편명은 「 」로 묶었다.

〈미망인〉 제작 들어가기 전까지만 해도
나는 예술을 논했었다.
그러나 그날, 완성된 〈미망인〉을 다 같이 보던 그날,
그런 것들은 더 이상 나에게 의미 없었다.
나는 그저 속으로 울고만 있었다.

어린 시절

1 9 2 3 ~ 1 9 4 2

내가 사는 이 노인 아파트 근처에는 멕시코 사람들이 많이 살고 있는데 토요일, 일요일이면 어김없이 나팔 소리, 북소리의 음악 소리가 요란하다. 간혹 엿장수의 가위 소리 같은 소리도 들린다. 서울에서도 사라진 엿장수 소리가 미국 LA 바닥에 무슨 이야기인가 하겠지만, 음악을 좋아하는 이 낙천적인 민족의 음악 소리가 들려오면, 어김없이 옛날 어린 시절 시골을 돌아다니던 서커스 나팔 소리 같은 소리까지 합쳐져 들리는 듯한 것이다. 눈을 감으면 그 시골 모습이 생생하게 펼쳐진다.

1923년, 나는 경상북도 하양이라는 작은 마을에서 아버지 박태섭, 어머니 이두리 사이 열 남매 중 셋째 딸로 태어났다. 네 살까지 살던 하양에 대한 기억은 조금 희미하다. 그 후 영천으로 이사를 갔고 영천에서 살던 때가 생애 가장 행복하고 평화로운 시기였다. 하양은 대구에서 50리, 낙동강이 유유히 장터 앞을 흐르고 있었다. 면사무소 앞 광장에는 장이 열리고, 우시장도 서고, 동네 사람들이 운집하면 꽹과리 소리, 엿장수 가위 소리에, 소, 강아지 들로 요란했다.

근교에 사과밭이 많던 이 평화로운 마을에 한번은 큰 홍수가 났다. 엄마 손 잡고 강 근처에 서서 보니 황토 물이 노도같이 흘러내리는 속에는 초가집도 있고, 소, 돼지도 마구 떠내려가고 있었다. 그 와중에 식구들이 먼 친척 할머니라는 분을 물살에서 건져 올렸는데, 손쓸 여도 없이 그 할머니는 산발을 한 채 숨을 거두었다. 친척들은 땅을 치고 울었고, 나는 무슨 영문인지 몰랐지만 무섭고 슬펐던 기억이 난다.

어머니는 딸만 많은 집의 둘째 딸이었는데, 외할아버지의 현명한 선택으로 인해 아버지와 혼인하게 되었다. 내가 태어나기 전에 돌아가신 외할아버지는, 안동 쪽에서 하양으로 내려온 예의 바르고 성실한 데다 인물도 훤칠한 청년을 좋게 여기어 일찌감치 데릴사위 격으로 결혼을 시키게 된 것이다.

양반 고을인 예안에서 수해와 기근으로 일찍 부모를 잃은 아버지는 동생(작은아버지)의 손을 잡고 남으로 내려왔다. 작은아버지는 한문에 능하고 재능도 있었지만, 말 없고 책임감이 투철한 아버지에 비해 착실하지 못하고 바람기가 있었다. 로이드안경을 끼고 우리들을 사과밭에 데리고 가서 그 당시에 비싼 과일인 국광을 사주곤 했지만, 그나마 하던 면 서기직도 오래 근무하지 않고 그만두었다. 우리들이 영천으로 이사할 무렵, 아버지는 포목상을 정리하고 장 근처에 있던 육소간(푸줏간의 옛말)은 작은아버지에게 주고 그 도시를 떠나 영천으로 갔다.

❖

영천. 대구에서 80리. 이곳을 나는 칠십수 년이 지난 오늘까지 생생히 기억하고 있다. 기억 속에 영원히 살아 있는 영천에서의 어린 시절은 아름답고 평화로웠다. 그때 두 언니들은 학교를 다니고 있었는데, 나는 언니들을 따라 다니며 귀찮게 한 것 같다. 성격이 어질고 조용하던 언니들은 이런 나를 따돌리고 자기들끼리 행동하곤 했다.

영천으로 이사한 후 오래지 않아 우리 집에는 남동생이 태어났다. 동네 사람들이 내가 사내아이 같다고 해서 "보소! 다음에는 틀림없이 아들이요" 하며 어머니에게 위안의 말을 하곤 하더니 과연 그러하였다.

영천에 구도로가 뻗쳐 있는 동네 입구에 아버지는 최 석사를 시켜 대장간을 크게 내었다. 요즈음과는 달리 그 구도로는 자동차 외에도 소 구루마, 말 구루마 할 것 없이 많은 우마차들이 지나다니는데, 고장 나면 모두 우리 대장간을 찾게 되는 것이었다. 이 외에도 아버지는 집들이 많은 지점에 다른 가게를 내었다. 잡화 도매상이 아니었나 생각된다. 말수도 적고 특별히 사교적인 성품도 아닌 아버지는 점포만 내었다 하면 성공이었다. 일본에서 물품을 들여오기도 했다는데, 아버지 이름만 대면 일본 측에서는 아무 질문 없이 장부에 적지도 않고 물품을 내주었다고 한다. 처세술이나 상술 대신 묵묵한 성실과 신용으로 일관하신 아버지였다.

우리들이 살던 집은 너무나 넓었다. 그때가 아무리 인구밀도가 낮은 시절이라 해도 그렇게 넓을 수가…… 앞마당은 거의 운동장이었고 뒷마당도 지금의 보통 단독주택 앞마당보다 넓었다. 위로 한참 쳐다보아야 하는 큰 깨양나무^{고욤나무의 경상도 사투리}는 그야말로 거목이었는데, 깨양이 많이 열려 집안사람뿐 아니라 동네 사람들까지 모두 겨우내 먹었다.

뒷마당 처마 밑에는 깨양 담은 항아리, 깨양엿, 쌀강엿 담아놓은 커다란 항아리가 대여섯 개는 늘어서 있었다. 언니들은 학교 가고 어머니는 갓난아기인 남동생에게 매달려 있고 할머니는 소소한 빨래를 하고 있는 오전 시간, 그 넓은 집에서 나는 할 일도 없고 심심했다. 뒷마당의 항아리를 몰래 열겠다고 시작하였으나, 키는 작고 뚜껑은 너무 무거웠다. 강엿을 꺼내려고 손을 대어 보기도 전에 항아리 뚜껑만 떨어져 깨졌다. 그 소리에 뛰어나온 엄마는 속이 상해서 나를 깨양나무에 묶어버렸다. "작은아버지야아! 최 석사야아아!" 나는 살려달라고 울며 외치며 요동을 쳤다. 몸을 틀어대니 끈이 풀어져 걸음아 날 살려라 하며 도망갔다.

항아리 사건은 이렇다 하고, 병아리 사건의 전말은 이러하다. 옥분이네 집 뒷동네에는 대추나무가 일렬로 빽빽이 서 있고, 그 중간 조금 파인 행로에는 대추가 많이 떨어져 있었다. 그 대추를 주우러 옥분이네 집에 놀러 갔다.

"옥분아!" 외치며 들어가니 집에 인기척이 없다. 옥분이가 뒷간 있는 곳에서 급히 나오더니 "밭에 엄마한테 갔다 오께, 니 꼭 기다리래이" 하고 뛰어나갔다. 마당에는 곡식이 잔뜩 널려 있었는데, 어미 닭은 안 보이고 병아리 십수 마리가 삐악삐악거리며 뛰어다닌다. 노란색의 예쁜 모습이 아침 햇살에 눈부시다. 추녀 밑 돌 위에 앉아 있으니 옥분이는 오는 기색이 없고 잠만 솔솔 왔다.

심심하기도 하고 잠도 쫓을 겸, 옆에 있던 마당비로 병아리들을 탁탁 치니까 서너 마리가 고꾸라졌다. 세게 치지 않고 살짝 건드린 정도였는데, 한참 있어도 안 일어나고 그대로 있었다. 그제야 '죽었구나' 깨닫고 겁이 나 뒤도 안 돌아보고 우리 집으로 달려갔다.

집 헛간에는 메주 가마니가 대여섯 개 있었다. 식구가 많지 않아도 옛날에는 간장, 된장을 많이 담갔는데, 메주를 말려서 가마니 속에 저장해놓은 것이다. 나는 그 가마니 뒤쪽으로 푹 들어가 숨었다. 가마니 틈에 아늑하게 자리 잡고 속도 편하게 잠이 들었던 모양이다. 얼마를 잤는지, 헛간문 밖이 웅성웅성 시끄러웠다. 문밖을 살피며 내다보니 옥분이가 보이고, 그 엄마와 동네 사람 몇몇도 있었다. 아이가 안 보이니까 찾아다니다 우리 집에 모였던 것. '난 인제 죽었구나.' 슬그머니 나가니까 옥분이가 "니어디 갔다 왔노?" 하며 호들갑이다. 우리 엄마와 언니들도 합세했다. 나는 묵비권으로 버텼다. 그런데 이상하게도 병아리 이야기는 한마디도 안 나오는 것이었다. 나는 운 좋게 면제받고 살아남았다.

어느 날 아침이었다. 돌이 지난 남동생은 두 살, 나는 다섯 살. 영천에는 낙동강에서 상어가 잡힌다는 소문이 있었다. 구경 따라가 본 적도 있고, 상어 고기는 자주 먹어보았다. 조금 덜 맵게 매운탕을 하면 맛있는 반찬이 되었는데, 이날 아침에도 엄마가 큰언니 접시에 한 덩어리, 둘째 언니 접시에 한 덩어리, 내 접시에도 한 덩어리 떠 놓으면서 "빨리 묵고 학교 가그라. 나는 얼라 재우러 가니까……". 그대로 얌전하게 먹으면 되는데, 나는 오전에 또 혼자 심심할 것을 생각해서 미리 심통이 났는지 "나는 두 동가리 줘야 묵는단 말이야" 하며 투정을 부렸다. 그러자 엄마는 "뭐?" 하며 일어서 내 머리를 한 대 쥐어박고는 나를 떠밀었다. 움직일 때마다 사건을 일으키는 나는 그때 네 아이 양육과 큰 규모의 살림살이로 정신없는 엄마에게 얼마나 귀찮은 존재였을까? 그런데 엄마도 나같이 투포환에 소질이 있었나? 떠밀려서 넘어진 곳은 문과 문 사이의 쇠붙이, 거기에 턱이 꽂혔다. 피는 막 흐르고, 나는 아픈 것보다는 놀라서 울고, 엄마는 동생을 할매에게 맡기고 최 석사를 불러 등에 업히고 부랴부랴 병원으로 갔다. 날씨는 추운데 이른 아침 시간이라 병원을 찾아 여기저기 헤매야 했다. 일본 사람 집들이 많던 어느 동네 일본 사람 병원으로 갔다. 마취약이 없던 때라 약도 없이 일곱 바늘을 꿰매는데, 얼마나 악을 쓰고 울었는지…… 집에 돌아오니 그제야 엄마의 눈길이 나에게도 왔다.

바람 쏘이지 말라는 의사의 주의 사항이 있었으나 나는 붕대 감은 모습을 친구들에게 자랑하고 싶었다. 높은 곳에 있던 순복이네 집으로 언니들 널뛰는 것을 구경하러 갔다. 목 위까지 붕대로 칭칭 감아 있어 목을 돌릴 수도 없는 상태로 "얼마나 아팠노?" 하는 친구들의 위로를 받고 싶어 매몰찬 아침 햇살이 쏟아지던 순복이네 집 마당에서 추위를 참으며 널 구경을 하였다. 오른손에는 목을 움직일 수 없어 먹지도 못하는 누룽지를 고봉으로 뭉친 것을 상장인 양 들고 머리를 꼿꼿이 세우고 자랑스러운 자세로 오래오래 널 옆에 서서 구경을 하였다. 그 당시 아이들의

박남옥

과자로 센베이나 알사탕도 있었지만, 우리들의 군것질은 콩 볶은 것과 엿누룽지가 최고였던 것이다. 요즘 각광받는 건강식 군것질이었다.

그때로 다시 돌아가고 싶다.

❖

가을이면 영락없이 동네 축제가 열린다. 일본 신사神社에 오봉 마쓰리 음력 7월 15일에 열리던 일본 명절 축제. 현재는 양력 8월 15일에 열린다.

일본 아이들은 머리에 갖가지 장식품, 옷은 최고로 예쁜 것으로 단장하고 삼삼오오 엄마 손잡고 모여든다. 꽹과리, 샤미센 소리가 울려 퍼지면 영천 읍내에서 조금 떨어진 그 신사 언덕은 그날 꽃밭이 되는 것이다. 한국 아이들도 덩달아 모두 신사로 모인다. 그런 상황을 놓칠 리가 없는 나는 동네 친구들을 열심히 뛰어 따라다니다 그만 웅덩이에 미끄러져 빠져버렸다. 잡초가 우거져 그 아래 쪽으로 웅덩이가 있는 것을 알 길이 없었던 것이다. 친구가 뛰어가서 나의 언니들을 데리고 왔다. "여기까지 와서 또 말썽이네. 집에 가자!" 언니들에게 끌려서 집으로 갔다. 엄마가 놀라서 대장간 최 석사를 시켜 무엇인가 사 오게 했다. 나를 처리한 언니들은 홀가분했는지 축제장으로 뛰어갔다. 찹쌀 모찌 봉지를 내 앞에 놓고 엄마는 말했다. "물에 빠지든지 변소에 빠지면 이거를 묵어야 된다. 액땜으로." 액땜으로 혼자 다 먹게 된 것은 고마우나 노랫소리, 북소리와 아이들 춤추는 모습이 눈에 아른거려 마음은 축제장에 가 있고 몸만 앉아 눈물을 흘리며 꾸역꾸역 떡을 다 먹었다.

그 시절 우리 집은 잘사는 축에 들었는데, 어떻게 된 일인지 언니 둘은 눈이 나빠 안경을 끼었다. 내가 국민학교에 들어갈 무렵, 언니들은 4학년, 6학년이었다. 큰방 벽에 구멍을 뚫어 전구 하나를 켜놓고 그 전등 밑으로 이쪽 방은 큰언니, 저쪽 방은 둘째 언니의 책상이 있었다. 언니들이 공부하고 있으면, 글자도 모르면서 책상 밑의 교과서나 잡지 등을 뒤적뒤적 만지고 펼쳐보고 하는 것이 나의 소일거리였다. 그래서 언니들이 집에 있는 시간이 나도 행복했다. 하루는 예수님이 십자가에 못 박힌 그림을 보게 되었다.

"언니, 언니, 이 사람 춥다. 옷은 와 안 입었노?" 하고 물어볼라치면 "몰라, 몰라" 하며 귀찮아했다. 그렇게 언니들에게 왕따를 당한 나는 팔십 가까운 지금 1.2, 1.2의 시력을 가지고 있다. 참 무식했지…… 전력이 부족했던 것인가? 그때 언니들 공부방의 조명 상태 말이다. 지금 아이들의 공부방에 비하면 딴 세상이었다.

언니들이 없는 오전 시간에는 동네 아이들 이외 놀 거리가 없어 무척 심심했다. 언니들과 어울리고 싶어 몹시 귀찮게 한 것 같고 엄마에게는 사건만 일으키는 말썽꾸러기였을 수도 있으나 나 자신은 이렇게 본다. 나는 움직여야 했고 뛰어놀아야 했고 달려야 했고 무엇이든지 물어봐야 직성이 풀렸다.

❖

아버지와 두 언니, 그리고 남동생과 함께. 맨 오른쪽이 박남옥.

영천은 동네 옆으로 안동에서부터 700리 흘러내리는 낙동강이 있었다. 상어도 잡힌다는 이 낙동강 위에는 긴 다리가 있었다. 다리를 지나서 강문보다 멀리 떨어진 곳에 언니들 학교가 있다고 했다. 여섯 살이 되어가던 나는 어느 날 호기심에 학교 가는 언니들을 따라 집을 나섰다. 언니들이 못 보게 뒤로 살금살금 따라갔다. 겨울이라 입에서 하얀 입김이 나오고 귀와 손은 시리어 꽁꽁 얼 정도로 추웠다. 다리 지나서부터는 학교 가는 아이들이 많아서 언니들은 내가 뒤에서 따라가고 있는 것을 전혀 눈치채지 못했다. 학교라기보다는 커다란 방 같은 넓은 교실에 2학년, 4학년 할 것 없이 함께 앉아 있는 것이 강당 같았다. 나도 살짝 들어가서 모르는 아이들 옆에 쪼그리고 앉았다. 그러고 한참 있자니 그 아이들은 모르는 아이가 옆에 있으니 수군거리기 시작했고, 그것이 둘째 언니 눈에 띄었다. 나는 언니 옆으로 끌려갔고, 선생님은 무슨 공부를 하는 건지 칠판에 글을 썼다 지웠다 하고 있었다. 나는 숨도 크게 못 쉬고 '괜히 따라왔구나, 심심해도 집에 있을걸……' 하는 생각을 하며 언니 옆에 쪼그리고 앉아 있었다. 따라오느라 고생 끝에 피곤했는지 그럭저럭 잠이 들었다. 얼마나 지났을까. 교실 문 여는 소리가 나고 아이들이 일제히 언니 쪽을 보았다. 우리 할머니가 거기 있었다. 남옥이가 언니 학교 쪽으로 가더라는 동네 아이의 이야기를 들은 할머니가 학교까지 나를 찾아왔던 것이었다. 너무 반가워서 "할매!" 하고 뛰어나가는 순간 오줌을 싼 기억이 난다. 할매 등에 업혀 집으로 갔다.

박남옥

그 조그마한 할매의 등은 얼마나 따스했던가. 예쁘고 말수가 적던 이 할매가 나는 우리 아버지의 엄마인 줄 알았다. 말은 수놈이고 소는 말의 암놈인 줄 알고 있던 나이였다. 우리 열 명 형제들 중 아버지를 닮은 쪽은 인물이 좋고 성품도 어질었다. 나의 두 언니들이 그랬다. 반면 엄마를 닮은 나는 인물도 신통치 않고 활동적이며 행동이 민첩했다. 예쁘장한 이 할매가 엄마 쪽의 외할머니란 것은 나중에 알게 되었다. 아버지의 장사는 날로 번창하여 대구시장 북통에 가게가 몇 개나 되었고 우리는 큰 장터 가까운 곳, 대구 개성학교 근처 큰 집으로 이사를 갔다. 그 집에서 맞게 된 할머니 환갑 때에는 시골에서 친척들이 많이 올라왔다. 어느 추운 겨울 밤, 일어나 변소로 가던 할머니는 넘어져 의사가 오기도 전에 돌아가셨다. 영천의 추운 겨울 아침, 할매 등에 업혀 집으로 갈 때 느꼈던 그 체온이 지금도 내 몸에 남아 있는 것 같은데…… 돌아가신 후 며칠간 나는 무서워 혼자 변소를 가지 못했다. 그 당시의 변소는 집 안에서 제일 떨어진 곳에 있었다.

❖

초여름 장마 때였다. 일요일, 언니 둘이서 집을 나서는데 나는 또 따라붙으며 이번에는 꼭 데리고 가달라고 매달렸다. 낙동강 다리를 건너서 학교 가는 반대쪽으로 사과밭이 많은 곳이었다. 앞이 보이지 않을 정도로 장대비가 내리는데 우리는 우산도 쓰지 않고 어디를 가고 있었는지. 왼쪽으로는 사과밭이 즐비하고 오른쪽으로는 파란 벼로 덮인 논이 끝이 안 보이게 펼쳐 있었다. 양쪽에 개울이 있어 한쪽은 사과가 떠내려오고 논 쪽은 개구리가 수십 마리씩 뛰어올랐다 물속으로 내려갔다 한다. 사과를 주우려고 하니 언니가 "줍지 마. 뱀이 있어!" 하고 소리 쳤다. 꾸부려 앉아 오른쪽 개울물을 들여다보니 정말 뱀 두세 마리가 왔다 갔다 한다. 나는 더 이상 가고 싶지 않은 마음이 들며 오던 길인 영천 읍내 쪽을 바라보았다. "무섭다, 언니야, 쉬었다 가자, 응?" 빗줄기가 가늘어지자 멀리 교회와 정미소 같은 집도 보이고 오던 길에는 쏟아지는 비 때문에 못 보았던 가로수가 양쪽으로 늘어서 있는 것도 보였다. 아름다운 풍경이었다.

며칠 후, 공부하는 언니의 책상 밑에서 잡지를 보고 있던 나는 놀라운 사진을 보게 되었다. 비가 쏟아 내렸던 며칠 전 사과밭 근처에서 본 풍경과 똑같은 사진이었던 것이다.

"언니, 언니, 우리 동네 참 유명하다. 여기 사진 나왔데이!"

한 언니가 "어데?" 하고 보더니 "정말 닮았네" 했다. 그러나 다른 언니는 "아이다, 딴 나라 사진이야" 하며 결론을 내렸다.

그 후 여학교 시절, 나는 학교 공부와 운동이 끝난 후 집으로 오는 길에 꼭 책방에 들르는 습관이 있었다. 삼덕동 파출소 근처에 있던 헌책방이었는데, 한번 둘러보고 집에 오는 것이다. 일본에서 발행하는 스물몇 권짜리 『세계 미술 전집』이 있었다. 돈이 없으니 한 질만 팔지 말고 놓아두라고 사정하고 돈 생길 때마다 한 권 한 권 사 모아 결국 다 산 기억이 있다. 그 사과밭 풍경

박남옥

기억 속의 영천 풍경. 〈미델하르니스의 가로수 길〉, 내셔널 갤러리 소장.

은 영천이 아니고 네델란드의 유명한 화가 메인더르트 호베마의 〈미델하르니스의 가로수 길〉이라는 작품이었다. 그 그림은 지금 영국 런던국제화랑^{내셔널 갤러리}에 소장되어 있다고 한다.

지금 영천에 돌아가보았자 옛날 그 모습은 자취도 없을 것이고, 십수 년 전 구라파 여행을 할 때 네덜란드에 못 가본 것이 유감이다. 그곳에는 어렸을 때 보았던 그 사진과 비슷한 풍경이 분명 남아 있을 터인데.

❖

내가 여덟 살 되던 해 가을에 우리 집은 대구로 이사했고 나는 국민학교에 입학하였다. 꿈 많던 어린 시절, 우리 집은 하양, 영천을 거쳐 대구 동인동에 정착하였다. 아버지 가게는 조금 떨어진 곳에 있었고, 나는 동네에 몇몇 친구가 생겼다. 얼마 안 되어 둘째 남동생이 태어났다. 아버지 가게 방에서 놀던 나는 "아버지, 위가 영기니까 둘째는 상기로 이름 지으세요" 하고 뜬금없는 제안을 하였다. 내가 예언자였나, 아버지는 며칠 생각해보고 코끼리 상象, 터 기基, 상기로 이름 지었다.

친구 달향이와 다른 친구들 몇 명이 모여 밤에 가게 근처 동네에서 놀았다. 친구 언니가 시집을 가서 그 근처 셋방에서 신접살림을 차렸다. 일단 거기서 놀던 우리 다섯은 동네 넓은 마당으로 진출하여 강강술래를 하며 밤이 깊어가는 줄 모르고 놀았다. 그때는 외등이나 가로등 같은 것이 전혀 없었다. 우리가 놀던 그

박남옥

넓은 마당 위 언덕에는 호박꽃이 환하게 피어 달빛과 어우러져 주변은 낮과 같이 밝았다.

"야, 야, 너무 늦었제?"

갈 채비를 한다. 세 명은 우리 집 근처이나 달향이는 한참 먼 신천교 근처까지 가야 한다. 친구들과 아쉽게 헤어지고 엄마한테 꾸중 들을까 걱정하며 살살 대문을 두드리니 영락없는 엄마 목소리.

"공부는 안 하고 늦게까지 어데 갔다 오노? 댕기는 또 어데다 빠졌노?"

댕기 빠지는 줄도 모르고 강강술래에 몰두했던 것이다. 달향은 몇 해 전 세상을 떠났으나 그녀의 큰딸인 수지 오는 이곳 LA에서 교육가로 눈부신 활동을 하고 있다. 수지 오는 초등학교의 교장으로, 교육학 박사로 정신없이 바쁜 생활을 하고 있으면서도 나를 자신의 어머니 보듯이 찾아준다.

다음 날 학교 갈 준비를 해놓고 자려 누우니 잠이 오지 않았다. 가만히 생각하니 그날 처음으로 운동화를 사 받았었다. 까만 고무신을 신고 학교에 가면 아침에 발이 몹시 시리었는데 다음 날부터는 운동화를 신게 된 것이다.

'운동화가 잘 있겠지?'

밤중에 마당에 있는 신발장에 나가보니 두 짝이 나란히 잘 있었다. 누가 훔쳐 갈까 아예 머리맡에 가져다 놓으니 그제야 잠이 왔다.

운동화 신고 다니는 아이들이 드문 때였다. 그때로부터 칠십

엄마, 동생들과 함께.

수 년 후인 지금은 물자도 풍부하고 맛있는 음식도 많은 화려한 세상이지만, 그 시절의 가난과 소박함이 오히려 정겹게 느껴진다. 다시 돌아올 수 없는 어린 시절이기에 더욱 그리운 것이리라.

❖

국민학교 1학년 2학기, 아침 조회 시간이었다. 며칠 전 부반장으로 뽑힌 나는 반들반들 깨끗한 낭하廊下에 우리 반 생도들과 일렬로 서 있었다. 갑자기 앞쪽에 서 있던 한 친구의 손수건이 떨어졌다. 선생은 그 손수건을 집어 들고 소리쳤다. "부반장 나와!" 하더니 내 머리에 꿀밤 한 대를 먹였다.

"부반장은 뭐 해? 이런 거 안 챙기고. 낮에 교무실로 와!"

'내가 챙길 일이 아닌데…… 각자 조심해야 되는 일을……'

부반장 되었다고 좋아했더니 초반부터 재미없었다.

점심시간에 교무실로 들어갔다. 선생들은 그 손수건을 힐끗힐끗 보며 도시락을 덜고 있었다. 담임 김양배 선생이 "이 수건 누가 떨어트렸어?"

"모르겠습니다."

"이 수건에 있는 사진 이건 뭐야?"

"배우 사진입니다. 이쪽 사진은 연극배우 미즈타니 야에코松野好重, 이쪽은 영화배우 이리에 다카코入江たか子입니다."

"뭐? 미즈타니니 뭐니 니가 어떻게 알아?"

"언니 책 봐서 압니다."

담임선생은 야단치다가 어이가 없어 했고, 다른 선생들은 신기한 듯 나를 보았다. 감추어둔 실력을 발휘하게 된 나는 의기양양하게 서 있었다.

요즈음은 유치원 아이들이 핑클이니 HOT니 안다고 하여도 그렇게 신기한 일은 아니지만, 그 당시 TV나 오락 프로그램도 없던 시절에 초등학생이 일본의 연극·영화 배우 이름 알기는 흔치 않은 일이었다.

❖

남욱정국민학교는 대구 시청과 큰 염매시장이 있는 동네에 있었다. 염매시장의 호시이모^{고구마 말린 것}는 너무 맛있어, 중앙동 모퉁이의 석빙고 아이스케키와 더불어 많이도 사 먹었다.

3학년이 되어서 나의 감투는 온실 당번이었다. 열 평 남짓한 온실에는 시클라멘, 시네라리아, 히아신스, 팬지 등 갖가지 꽃들이 있었다. 추운 날에 온실 문을 열면 따뜻한 훈기와 말할 수 없이 아름다운 꽃향기가 나를 황홀하게 했다. 본래 꽃을 좋아했지만, 이 온실 당번 이후 팔십 가까운 오늘까지 나는 꽃을 무척 사랑한다. 하다못해 길가 잡초라도 가져다 심어 물을 주고 아끼면서 아침마다 쳐다보면, 이름도 모르는 꽃이지만 방긋방긋거리며 나에게 인사를 한다. 거실 밖 넓은 베란다를 채우고 있는 수십 종의 꽃과 잡초가 나와 함께 생활하고 있는 가족이다. 요즈음 젊은이들 노래에 "사람이 꽃보다 아름다워"라는 가사가 있는데, 사

학창 시절 친구들과. 가운데 박남옥, 우측 달향.

실은 꽃이 사람보다 아름답다. 꽃은 절대 사람을 배신하시 않는다.

❖

언니들을 따라다니며 그렇게 구박을 받던 나도 학교에 들어가고 나서는 너무 바빠져, 언니들이 나를 찾는 상황이 되었다. 우리 집은 내가 2학년 때 대구 달성공원 근처로 이사하였다. 큰 장은 좀 먼 편이라 엄마는 가까운 달성공원 앞쪽의 시장에 자주 갔다. 우리 집은 두 가게 점원이 다섯 명, 식모가 두 명, 여섯 명의 형제는 곧 여동생도 태어나 일곱이 되어 그야말로 대식구였다. 큰 장 갈 때는 식모가 따라가지만, 공원 앞 작은 시장은 내가 따라가 짐이 네댓 개 되면 내가 세 개를 들고 엄마 따라 집에 가져다 놓은 후 달성공원으로 놀러 간다. 시장에서 집까지 가는 골목은 좁기도 했지만 어쩌면 그렇게도 꼬불꼬불했는지…… 눈을 감으면 지금도 아련히 떠오른다.

홍시 두 개를 엄마에게 얻어먹고 뛰어가면 공원에는 동네 친구들이 벌써 와 있다. 타잔같이 나무에도 올라가고, 메뚜기, 잠자리도 잡으며 놀았다.

달성공원에는 누구 집안의 제실이 있다고 들었는데, 내가 보고 알기로는 대구가 내려다보이는 입구 언덕에 비석이 서 있었다. 「빼앗긴 들에도 봄은 오는가?」 민족 시인 이상화의 시비다.[이상화 시비는 1948년 건립됐다. 다른 비석과 혼동한 듯하다] 서로 각각 놀다가도 이

박남옥

시비 앞에 모여 집에 돌아오기도 했다. 공원 정문으로 나오지 않고 시비가 있던 이 뒤쪽 언덕을 미끄러져 내려오면 들에는 나락이 익어 황금물결이다. 지금은 그곳에 집들이 들어섰겠지. 메뚜기가 어찌나 많던지 가지고 간 몇 켤레의 긴 양말 가득 잡아넣어 가지고 온 기억이 난다.

❖

3학년 때 지금의 일본 천황헤이세이 천황이 탄생했다고 해서 우리 모두 큰 일본 모찌 두 개씩 얻어먹고, 신나는 운동회도 열렸던 생각이 난다. 일본이 대전쟁을 시작하기 전 황실에 딸만 탄생하다가 처음 아들을 낳은 경사라 일본 전국은 물론, 한국까지 축하 분위기와 굉장한 행사가 이어졌다. 그 무렵 대구에 유명한 인물이 있었다. 대구 사람들은 다 아는 광녀 금달래.

공원 앞에 미나리 강 일대를 흐르는 폭이 넓은 개울이 있었다. 놀다가 집에 돌아가며 앞문으로 나가는 날이면, 우리들은 그 개울에서 금달래를 자주 보았다. 그는 개울에서 이를 잡고 있거나 옷을 벗은 채 빨래를 하거나 하였다. 반라의 몸으로 울기도 하고 욕도 하다가는 일어서서 지나가는 우리를 향해 고래고래 고함을 질렀다. 어린아이를 데리고 있을 때도 있고, 혼자 있을 때는 슬프게 울면서 욕을 하고 광태를 부리는데 선뜻 무섭기도 했다. 시장 북통北通 임경덕 포목상 앞 시내버스가 달려오면 재빨리 달려가서 옷을 다 벗고 욕하며 춤추고 울기도 하니 버스는 정차한 채 가지도 못한다. 매번 보는 광경이지만, 길 가던 사람들은 주위에 모여 구경한다. 나도 자주 목격했는데 흥미도 있었지만 도대체 무엇 때문에 미쳤을까 하는 것이 의문이었다. 사람들이 말하기를 섹스에 미쳤다고도 하고 아이를 낳아도 매번 죽으니 아이 때문에 미쳤다고도 했다.

그러니까 우리 집이 달성공원 근처에서 동산동으로 이사 온 무렵이다. 동산동 언덕 위에는 미션스쿨인 신명학교가 있어 아침저녁 아름다운 피아노 소리가 자주 들려왔다. 이 동산동의 긴 골목과 아까 말했던 시장 북통 버스길이 금달래의 활동 무대였던 것이다.

금달래를 하도 자주 만나게 되니 동네 사람들은 그녀의 정신이 온전할 때는 서로 인사도 한다. 우리 엄마에게도 "성님, 시장 가오?" 미친 사람도 하루 한 번은 본정신이 돌아온다고 하는데, 금달래가 옷을 바로 입고 인사를 하면서 우리 골목으로 들어설 때가 바로 그때가 아닐까? 그런데 콧노래를 부르면서 그 골목을 빠져나가고 나면 그의 손이 닿았던 곳에 있었던 빨래물은 다 없어져 있다. 귀신같이 걷어서 치마, 바지 속이나 손에 든 큰 보자기 속에 담아 사라지는 것이다. 눈 깜짝할 사이라고 한다. 내가 10대였을 때 그가 40대였는지, 울거나 웃을 때 보면 아래위 이가 하나도 없었다. 금달래가 죽은 후 그의 뇌는 대구의과대학 ^{지금의} 경북대학교 의과대학에 연구 자료로 보관되었다고 한다.

나는 국민학교에서 바쁘게 지냈고 공부도 잘했고 운동도 잘했다. 계속 반 급장을 했고 경상북도 운동 대회 때는 꼭 참가했다. 가을 학교 운동회 때는 상을 많이 타 집에 돌아가면 집안에 웃음꽃이 피었다. 한편 일본은 전시가 가까워졌는지 한국 사람이 받는 설탕과 기름 배급량은 일본 사람이 받는 반도 안 되었다. 나는 동네 구멍가게 아저씨한테 영화 포스터를 부탁하여 차근차근 모으고 있었다. 엄마 시장 심부름도 따라가고 주말 저녁이면 동네 아이들과 달성공원에서 대구역까지 마라톤을 하기도 했다.

공원 입구 층계 밑은 금달래가 빨래하며 우는 곳으로 거기서 시내 쪽으로 많이 올라간 지점은 둑이 꽤 높다. 시멘트로 6, 7척이 되는 둑에서 개울물로 뛰어내리면 정말 상쾌했다. 자갈이나 돌은 없고 모래가 조금 있었다. 친구와 나는 번갈아 뛰어내렸다 올라가서 다시 또 뛰어내리곤 했다.

문제는 그 놀이를 흉내 낸 남동생이었다. 우리가 노는 모습을 멀리서 보았는지 자기 친구와 요령도 없이 뛰어내려 그만 다리뼈를 다쳤다. 급히 병원으로 실려가 수술을 했다. 양다리에 깁스를 하고 두 달 이상 고생했는데, 나는 동생을 잘 살피지 않았다고 엄마에게 많은 꾸중을 들어야 했다. '따라온 줄도 모르고 있었는데…… 누가 따라 하래나?' 아무튼 동생은 퇴원을 하고 얼마 후 국민학교에 입학하였다. 입원 기간 동안 가끔 병원에 가보았는데, 나를 처다보며 깁스한 다리 속이 가렵다고 울던 모습이 가슴 아프게 떠오른다.

❖

남욱정국민학교여, 아듀! 6년 공부 후 나는 경북여학교^{경북공립}에 입학했다. 서울은 경기여고, 평양은 평양여고, 대구는 경북여고, 이 세 여학교가 명문인 시절이었다. 우리 반에서는 서른한 명이 시험을 쳤고 스물아홉 명이 합격했다. 그 당시 어느 학교 어느 반보다 우수한 성적이었다. 여학생이 되었으니 의젓하게 열심히 학교를 다녀야 하는데……

입학 즉시 육상부에 들어가서 운동을 한다. 10월이었나…… 가을에 서울에서 열린 조선신궁봉찬체육대회^{지금의 전국체전}에 참가해 높이뛰기에서 4등을 했다. 100미터 달리기, 400미터 릴레이에서는 등수에 오르지 못했다. 1936년, 손기정 마라톤 선수가 베를린 올림픽에서 우승하고 한국에 돌아와서 각 지방 학교를 돌때 우리 학교에도 잠시 들렀다. 400미터 선수인 선배 언니와 우리들은 하루 지도를 받는 영광을 누렸다.

운동뿐 아니라 다른 일로도 바빴다. 5월이었을까, 6월이었을까. 아직 학교 규칙도 파악하지 못하고 있을 때, 대구공회당^{현재 시민회관}에서 최승희 무용 발표회가 있다는 광고를 보았다. '가봐야지' 혼자 마음먹고 아무에게도 내색하지 않았다. 공회당은 대구역전에 있는 유일한 공연장이었다. 많은 어른들 가운데 끼어 앉은 나는 숨을 죽이고 관람했다. 캄캄한 무대에서 갑자기 은은한 불빛이 비치더니 국악 소리가 조용히 들려왔다. 〈에헤라 노아라〉 〈승무〉 〈초립동〉 〈인도의 춤〉 〈보살춤〉…… 그 체격, 아름다운 미모, 화려한 의상, 손짓 발짓, 나는 완전히 넋을 잃었다. 사람이 어

두 언니와 동생들. 가운데가 박남옥.

떻게 저렇게 조각같이 아름다울 수 있을까? 영화에 눈이 뜨이기 시작한 나는 무용이란 저렇게 아름다운 예술인가 하는 생각에 빠졌다. 어렸을 때 책에서 보았던 흑인 가수 겸 무희인 조세핀 베이커보다 최승희가 체격이나 자태에서 월등했다. 최승희는 1937년부터 구라파, 미국, 남미 등 세계 무대에 진출했는데, 한국적인 가락과 미모, 체격으로 무대를 압도하였다. 세계적인 무희였으며 100년에 한 번 나올까 말까 하는 무희라고 했다.

그 감동적인 문화 예술 경험으로부터 이틀 후 나는 교무실로 불려 갔다. 극장 출입은 금지라는 학교 규칙을 몰랐던 나에게 반성문을 쓰라는 명령이 떨어졌다.

"정말 잘못했습니다. 두 번 다시 극장 출입은 하지 않겠습니다" 이런 식으로 썼으면 좋았을 텐데, 나는 반성은커녕 건방진 소리만 늘어놓았다. "세계적인 우리나라의 무희를 내 눈으로 똑똑히 보았으니 정말 유감없다. 잘 갔다고 본다." 사실 그때 보지 않았다면 평생 최승희의 무용을 못 보았을 것이니 간 것은 잘한 것이나, 그 때문에 아버지가 호출당했다. 택시도 버스 노선도 없는 학교까지 그 먼 곳을 아버지는 회색 두루마기를 입고 고무신을 신고 걸어오셨다. 아버지는 원래 말수가 적은 분인데 아무것도 모르다 어떤 대답을 하셨을까? 며칠 조용하더니 직원회의가 열린 모양이었다. 그리고 나는 정학에서 면제되었다. 우수한 두 언니들 덕이었다. 얌전한 큰언니는 일등으로 졸업한 데다 운동은 하지 않았지만 수예가 뛰어나 〈자비관음〉이란 작품으로 전국 미술전람회에서 특선을 했고, 둘째 언니는 그때 3학년이었는데 공부를 잘하는 것은 기본이었고 정구 주장에 전교에서 알아주는 모범생이었다.

최승희에 대해서는 정교수^{정병호}의 『춤추는 최승희』를 읽고 자세히 알게 되었는데, 화려하고 영광스러운 일생인 듯 보였으나 뒷면은 고통스러운 삶이었고 결국에는 북한에서 숙청당하는 것으로 말로를 마친다. 가슴 아픈 인생이다. '예술과 사상은 별개의 것이다'라고 한 최승희.

1936년, 베를린올림픽 기록영화를 찍은 레니 리펜슈탈은 뉘른베르크재판에서 이렇게 말했다고 한다.

"당신은 나치 당원이고 히틀러의 애인이었지?"

"아닙니다. 나는 당원도 애인도 아니고, 과분한 경비와 정성을 쏟아주어서 〈민족의 제전〉과 〈미의 제전〉^{영화 〈올림피아〉의 1부와 2부}을 최선을 다해 만든 것뿐입니다."

해방 후, 복잡한 서울의 정세 속에서 가족들의 반대에도 불구하고 최승희는 무엇 때문에 월북했을까? 세계적인 무희, 우리나라를 빛내준 예술가 최승희.

인천에서 밀선으로 월북하고 18년, 쉰이 넘어 조금 뚱뚱하고 초라한 의상을 입은 말년의 최승희 사진을 보면 나는 가슴 아프다. 62년 전의 발표회 팸플릿은 잃어버렸지만, 그때 샀던 세 장의 브로마이드는 아직 품에 안고 그녀를 아쉬워한다. 레니 리펜슈탈 감독은 지금도 100세의 나이에 기록영화를 찍으며 살고 있다는데……^{레니 리펜슈탈은 2003년 타계했다.}

경북여학교 재학 당시의 모습.

❖

1학년 가을, 나는 서울에서 전국체전을 마치고 선생님, 선수들과 함께 기차를 타기 위해 본정^{지금의 충무로}을 걷고 있었다. 저녁 무렵이었다고 기억하는데, 저만치서 복혜숙 씨같이 보이는 사람이 걸어오고 있었다. 물론 화장도 안 하고 수수한 차림이었지만, 잡지에서 보았던 그 얼굴을 나는 알아보았다. 어느 다방 같은 장소로 문을 열고 들어가기에 호기심을 못 이기어 빼꼼히 문을 열고 들여다보았다. 다방에는 손님이 두세 명 있었고 카운터에는 키가 큰 여자분이 서 있었다. 신운봉이라는 연극배우가 한다는 다방이었다. 친구들이 "야, 야, 뭐 하노, 빨리 안 오고!" 하며 나를 부른다.

대구로 돌아오자마자 나의 일과는 또 바빠졌다. 동네 아저씨 구멍가게에서 영화 포스터 수집하랴, 배우들의 브로마이드 사모으랴, 무엇에 씐 아이처럼 혼자 바빴다. 영화잡지에서 신일선, 복혜숙, 김소연, 김신재, 문예봉 등의 사진을 스크랩하는 일로 희희낙락하였다. 〈수업료〉〈집 없는 천사〉〈수선화〉〈풍년가〉……우리나라 영화들의 신문광고 사진도 스크랩한다. 일본의 도호東寶 영화사와의 합작 영화도 있었다.

2학년 가을의 전국체전에는 투포환 한 가지만 선택했다. 출전하기 전에 열심히 연습했다. 남북한 합해서 열두세 명 되는 선수들은 모두 체격이 나보다 좋았다. 그때 나는 163센티미터 60킬로그램이었는데 해주여고에서 온 일본 여학생은 키가 7척에 잘

생긴 얼굴이 여자 씨름 선수 같았다.

'이야아! 저 정도면 10미터 이상 던지겠구나!'

그런데 그 선수는 7미터도 못 미치는 거리를 던졌다.

내가 스포츠도 요령이라고 말한다면 사람들은 웃을지도 모르겠다. 분명 투포환은 요령이 태반이라고 나는 생각한다. 그 학생은 손끝으로 포환을 멀리 던지고 어깨와 동체는 따로따로였다. 그렇게 되면 포환이 나가는 힘은 오른손 힘뿐이다. 오른손에 포환을 꽉 쥐고 오른쪽 귀에다 붙인다. 그런 다음 하나, 둘, 셋 던지는 자세는 머리, 동체, 하체가 같은 속도로 손을 따라가야 한다. 그때 몸의 속도와 몸의 힘이 얼마나 일치하는가, 얼마나 빠르고 강하게 던지는가에 따라 성적이 올라갔다 내려갔다 하는 것이다. 일종의 정신 통일 작업이기도 하다.

나는 2학년, 3학년, 4학년, 3년 계속 우승을 했는데 아쉽게도 그때의 기록은 기억하지 못하고 있다. 거의 10미터에 가까웠든지 10미터를 조금 넘었든지 했던 것 같다. 지금은 남자용과 여자용 포환의 무게가 다르며 해방 전과 해방 후도 조금 다르다고 한다. 오만한 이야기지만, 마지막 4학년 때는 일주일만 연습하고 참가해도 우승을 하였다. 운동도 마음먹기에 달렸다는 것을 터득하였다. 입학하자마자 최승희 무용 관람 건으로 말썽을 일으켰다가 간신히 정학을 면했던 나는 운동으로 학교에 보답하게 된다.

❖

학교생활이 얼마나 바빴는가 한번 열거해볼까 한다. 아침에 학교 가서 공부가 끝나면 1층 도서관에 간다. 도서관에는 내 손때가 안 탄 곳이 없다. 문학반의 와카일본 정형시 중 하나 공부가 끝나면 운동복으로 갈아입고 운동장으로 나간다. 넓은 운동장에는 육상부 트랙, 배구장, 농구장이 나란히 있었고 테니스장은 기숙사 앞 플라타너스 나무가 많은 곳에 있었다. 무서운 백신 교장 선생이 자주 시찰을 나오므로 그런 날은 열심히 하는 척한다. 간혹 우리가 좋아하는 최경주 가사 선생이 교장 대신 나오는 날은 모두 신나게 운동을 한다. 몇 시간 운동을 하면 온몸은 땀으로 범벅이 되고 소사실小使室 앞의 수돗물을 배불리 마시면 하루 일과가 일단 끝난다. 그대로 집에 가면 좋으련만 나는 이삼일에 한번꼴로 삼덕동 파출소 앞 헌책방에 들러야 했다. 시간이 많은 날은 본정 안 골목의 헌책방인 태양당서점까지 진출한다. 시나리오, 영화잡지, 미술책…… 돈이 모자라서 짜증이 날 뿐이지 책 사는 기쁨이란 정말 대단했다.

시내 약전 골목 안으로는 '네네집'이 있다. 일본 생과자 집이었는데 주인이 너무 친절하여 "네, 네" 인사를 잘하니 이름을 '네네집'이라고 붙인 것이다. 나마가시일본 생과자는 너무 맛있었다. 네네집을 들른 후 그 골목을 따라 올라가면 우리가 좋아하던 가사 선생님 집이 있다. 어머니와 선생님 두 분이 살던 그 한옥은 마당에 큰 나무들이 많았다. 선생님 방 책상 위에 꽃을 꽂는다.

가끔 80연대대구에 주둔한 일본제국육군 보병 연대앞에서 말똥 줍는 작업을 하는 날이 있었는데, 그것은 전쟁 시 말똥도 연료로 쓰일 수 있기 때문이었다. 그런 날은 작업 현장에서 꺾은 야생화도 선생님 책상 위에 꽂아보고 간단한 편지도 남겨놓고…… 간혹 나보다 먼저 와서 편지와 꽃을 꽂아놓고 가는 친구가 있었다. 그 아이는 운동을 하지 않았으니까 나보다 먼저 다녀갈 수 있었던 것이다.

가사 선생님은 가끔 우리가 요리 그림이나 가사 실습 내용을 잘 적어놓았는지 노트 점검을 한다. 덩치가 말만 한 우리들은 옛날이면 시집가서 아이가 하나둘 있을 나이였으면서 어쩌면 그렇게 순진했을까? 선생님이 예쁜 글씨로 써주는 노트 평을 가지고 누가 더 많은 글자의 평을 받았나 글자 수를 세어가면서 경쟁하고 시기했다.

예를 들자면 서른네 자를 받은 나의 평.

"노트 정리가 잘됐다. 특히 요리 그림이 일품이네. 계속 상세한 설명과 함께 잘 정리할 것."

스물다섯 자의 다른 친구 것.

"요리 그림도 요리 설명도 엉망이네. 가사 시간 중 정신 집중할 것."

겨우 스물한 자의 더 형편없는 친구의 것.

"그림도 없고 요리 설명도 부족함. 더 열심히 정리할 것."

당연히 내 노트에 선생님 글자가 가장 많았고 나는 말할 수 없이 기뻤다.

❖

박남옥

맨 윗줄 왼쪽 끝 달항, 맨 오른쪽 박남옥.

경북여학교 친구 달향과.

4학년 때는 일본으로 여행을 갔다. 무서운 교육주임 선생, 우리 담임인 수학 선생, 그리고 가사 선생이 동행하였다. 첫 도착지 하관^{시모노세키}을 지나 고도古都 내량奈良^{나라} 경도京都^{교토}를 구경한 다음 대판^{오사카}에 도착하였다. 대판은 우리나라 사람도 많이 사는 상업 도시다. 넓은 일본 여관방에 여장을 풀고 잠시 동네 외출이 허락되었다. 비는 부슬부슬 내리는데 내 짝과 나, 우리들 서너 명은 거리로 나섰다. 한참을 걸어가니 큰 건물에 영화 간판이 보였다. 불란서의 쥘리앵 주비에 감독, 루이 주베 주연의 〈후로우 씨의 범죄〉_{쥘리앵 뒤비비에 감독, 루이 주베 주연의 〈하루의 끝〉 또는 로버트 시오드맥의 〈미스터 플로의 찬사〉를 말하는 듯하다} 친구들은 비를 피해 건물 밑에 서 있고 나는 입구에서 "얼마입니까?" 물어보고 있는데 "어이" 무서운 소리가 귓전에 들려왔다. 귀신같이 무서운 교육주임 선생의 소리다. 우리들은 끌려서 여관으로 돌아갔다. 여독을 앓고 있던 생도들을 돌보고 있던 가사 선생이 무슨 일인가 하고 다가왔지만 나는 아무 일도 아닌 듯 여관방 구석 쪽에 누워 자는 척했다.

대판을 거쳐 후타미가우라라는 섬 두 개가 있는 관광지를 유람선으로 건너간다. 배를 타려고 열을 지어 서 있는데 어느 일본 여자가 "어디서 왔어요?" 하며 말을 걸었다. 전시가 한창이라 모든 일본 여자들이 몸뻬 입고 살기 바쁜 때에 그 여자는 고급 옷에 하녀도 동반하고 있었다. 우리를 동부나 구주^{규슈} 시골에서 온 여학생들로 생각했었는지 한 친구가 멋도 모르고 얼떨결에 "서울입니다" 하고 대답하니 그 여자는 갑자기 멸시하는 눈초리로 말했다.

"난다, 센진카?"(뭐야, 조선인이구나?)

점잖아 보이고 인물도 잘생긴 40대의 그 여자는 왜 우리를 멸시했을까? 아이들은 멸시당한 것도 모르고 마냥 즐겁기만 했지만.

60년 전의 그 여자 얼굴이 생각날 때마다 그 여자를 미워하지는 않는다. 36년 일제 통치하에 우리나라가 얼마나 착취당했는지 창씨개명을 했고 중노동에 끌려갔고 고생을 했던가를 생각한다. 지금은 무엇이 달라졌나? 또한 그러한 역사의 와중에 내가 일본에게서 배운 것은 무엇인가?

긴 세월. 60년. 가물가물 생각나는 어린 시절. 전쟁하던 시절. 물자는 없고 사람들은 동원대로 끌려가고. 어린 시절의 추억이 너무 아름다워 나는 좀처럼 일본을 미워할 수가 없다. 서로 가까이 있고 예부터 문화 교류도 있어왔고 하니 이 시대부터는 서로 도우면서 과거는 잊는 것이 상책일까…… 여러 가지 생각을 해본다.

우리는 후타미가우라에 도착하였다. 여관인지 호텔인지 상당히 호화로운 곳에 자리를 잡고 바닷가로 나갔다. "아침 바닷가를 거닐고 있으면 옛날 생각이 간절히 간절히 생각난다"라는 내용의 노래를 모두 합창하며 저녁노을을 업은 채 우리는 끝도 없이 뛰어놀았다. 그렇게 한참을 바닷가 모래밭에서 뛰어노는데 한 아이가 "저기 선생님이 계시네" 했다. 멀리 어린이 놀이터의 그네에 가사 선생님이 앉아 우리들이 노는 것을 보고 있었다. "애, 선생님이 우시는 것 같아." "선생님이 왜 우실까?"

박남옥

여행 떠나기 1년 전에 돌아가신 아버지 제사에 다녀온 후 선생은 자주 슬픈 표정이었다고 한다. 선생은 외동딸이었는데, 큰 집안의 소실의 딸이었다.

"선생님, 추우니 들어가실래요? 들어갑시다."

넉살 좋은 친구 몇 명이 선생을 껴안고 들어갔다.

가난한 시절. 물자가 부족했든, 일본인은 멸시를 하든 말든, 그때가 우리 인생의 제일 좋은 때가 아니었을까. 그때의 추억들이 나를 오늘날까지 살아 있게 한 것일까 하는 생각을 자주 한다.

1946

이화여전

1943~1950

여학교 4학년이 되면 대학을 들어갈 꿈을 꾼다. 우리 학교는 졸업 후 여학교 교사가 되는 내량여고사奈良女高等師 나라 여자고등사범학교. 지금의 나라여자대학 외에는 일본의 어느 대학도 절대 허가하지 않았다. 그런 줄 알고도 나는 일본의 우에노미술학교지금의 도쿄미술대학의 학교 서류와 기타 설명서를 우편으로 받아보았다. 영화도 좋아했지만 어릴 때부터 좋아했던 미술 공부를 하고 싶었다. 정물 그림을 사이즈에 맞춰 열심히 그리고 서류도 잘 기재하여 부쳤다. 얼마 안 되어 응시하라는 통지서가 날아왔으나 집으로 오지 않고 학교로 오는 바람에 아버지는 엄한 교장 선생에게 또 호출을 받았다. 최승희 무용 발표회 건 이후 두 번째 호출이었다. 아무 영문도 모르던 아버지가 어떻게 대답했는지 모르지만, 나는 또 불효를 저지른 것이다. 내가 동경을 안 가면 되는 것을, 아버지를 호출한 교장이 미웠다. 할 수 없이 친구들이 가는 서울의 이화여자전문학교의 가정과로 원서를 냈다. 이화에 두 명, 숙명여자전문학교에 네 명, 서울여자의과대학지금의 고려대학교 의과대학의 전신에 세 명이 진학했다.

나는 이화여전에 입학하여 기숙사 생활을 시작했다. 기숙사는 진, 선, 미 세 동이 있었는데, 내가 생활한 기숙사가 무슨 동인지는 기억나지 않으나 일요일이면 숙명여대로 진학한 단짝 친구와 종로 거리로 영화 구경을 자주 갔었던 기억은 선명하다. 하루는 종로 거리를 걷다가 영화배우 김신재를 보았다. 그녀는 어떤 인상이 좋고 점잖은 40대 여인과 함께 걷고 있었는데, 하얀 명주 마후라머플러를 한 모습이 정말 청초해 보였다. 화려한 색깔의 마후라가 없던 시대였다. 재미있게 대화를 하며 가던 두 여인은 화신和信당시 종로에 있던 백화점으로 들어갔다. 우리는 눈치채지 못하게 따라 들어갔다. 엘리베이터가 없던 시절, 계단을 오르는 두 여인의 뒤를 따라가니 5층인가의 식당으로 들어간다. 양식을 시켜놓고 또 재미있게 웃으면서 식사를 한다. 저 중년 여자는 얼마나 행복할까! 내가 여학교 때 초상화도 그려 보내고 팬레터도 자주 띄우고 하여도 답장 한 장 없던 냉정한 스타 김신재였는데……
나는 그 중년 여인이 부러웠다.

둘째 언니가 300원을 송금해 보내왔다. 언니는 시골에 국민학교 선생으로 부임되어 직장 생활을 하고 있었는데, 신문의 대학 입학자 명단에서 내 이름을 보고는 입학 축하금을 나에게 보내온 것이다. 그 돈을 손에 쥐자마자 나는 염춘교서울역 옆의 염천교 헌책방으로 향했다. 신촌역에는 기차가 있었지만 나는 걸어서, 아니 거의 달려가다시피 갔다. 지금 이화여대 앞에는 가게들이 빽빽이 들어서 있고 보행자들은 서로 부딪칠 정도로 혼잡하지만, 당시는 집도 사람도 없었다. 학교 앞 신촌 거리를 지나 북아현동 입구에서 염춘교까지 펼쳐 있는 허허벌판 보리밭은 가도 가도 끝이 없었다. 젊은 날, 날씨는 좋고 호주머니에 돈은 가득, 좋아하는 책을 사러 가는 그 기분은 천국에 올라가는 기분이었다. 염춘교에는 헌책방이 두 집 있었는데 한 집은 그저 그랬고 다른 집에는 가끔 영화에 관한 신기한 책들이 있어 나를 즐겁게 하였다. 존 스타인벡 원작, 헨리 폰다 주연의 〈분노의 포도〉, 서머싯 몸 원작에 크로퍼드Joan Crawford 주연의 〈비〉, 그리고 〈아라비아의 로렌스〉에 관한 책들을 샀던 기억이 난다.

어느 일요일, 명동 국립극장에서 〈오케스트라의 소녀〉를 보았다. 디애나 더빈이라는, 코끼리 눈같이 가느다란 눈의 제법 예쁜 소녀가 출연하였는데, 그녀는 이 영화로 일약 미국 영화계를 대표하는 배우가 되고 오스카 특별상을 타면서 전 세계 영화 팬들의 가슴을 졸이게 했다. 영화의 줄거리는 이러하다. 소녀의 아버지가 속해 있는 어느 시골 악단이 자금난으로 파산 지경에 이르게 되자 소녀는 가슴을 앓다가 묘안을 생각해낸다. "세계적인 지휘자 스토코프스키 선생을 찾아 가야지." 문전에서 몇 번 거절당하나 결국 만나는 데 성공한다. 소녀는 아버지가 소속되어 있는 악단 단원들을 스토코프스키 연습장까지 끌고 들어가 연주를 시작하고, 어른들 목소리를 뺨칠 정도의 큰 소리로 정감 있게 노래를 부르니 지휘자는 감탄했다. 은발의 세계적인 지휘자 덕에 큰 무대에 설 수 있게 되고 파산을 면한다는 이야기다. 이 미국적이며 동화 같은 이야기가 나에게는 무척 감동적이었고 스토코프스키가 지휘봉이 아닌 손가락으로 지휘하는 모습도 두고두고 인상에 남았다. 기숙사에 돌아가서 침대 위 벽에 〈오케스트라의 소녀〉와 지휘자의 커다란 사진을 붙여놓고 매일 바라보았다.

그런대로 기숙사 생활에 익숙해지면서 하루하루 지나갔다. 가끔 밤에 모임이 열리면 문과에 다니던 김옥길 장관^{훗날 문교부 장관이 되었고 이 당시에는 학생이었다}이 원맨쇼를 하여 우리들을 웃게 했다. 이정애 사감은 우리나라 고유의 미를 지닌 특출한 미인이었다. 그 이상 조각 같은 아름다운 여인의 얼굴은 아직 보지 못하였다.

그때 사감은 40을 넘어 50대에 들어선 여인이었으며 김활란 총장과 오손도손 이야기하는 모습은 한 폭의 그림이었다. 그러나저러나 학교생활을 하며, 남자 같은 내가 가사에 대해서 배우면 얼마나 배울까 하는 의문이 슬슬 생기기 시작했다.

그러던 2학기 어느 날, 사감보가 기숙사 방 조사를 나왔다. 김씨 성을 가진 가사 선생이었던 듯한 그 조사원은 내 방에 들어와 침대 위에 붙여둔 사진을 한참 보더니 "저 사진 뭐야! 기껏 존경한다는 사람이 영화배우야! 당장 떼!" 했다.

선생이 나가고 난 다음 사진을 떼며 생각했다. '기도 안 차네. 그럼 내가 존경한다고 이순신 장군이나 링컨 대통령 사진을 붙여야하나.' 디애나 더빈이 노래하고 스토코프스키가 지휘하는 〈오케스트라의 소녀〉의 큰 사진이었다.

그날부터 나는 영 찜찜했다. 학교 앞에서 출발, 보리밭을 지나 책 사러 가는 길도 돈이 있을 때의 즐거움이고, 일요일마다 학교 주위 언덕에서 예배 볼 때에 최이순崔以順이화여대 가정학과 설립에 힘쓴 교육자 선생의 청초한 모습도 정다웠지만, 마음이 떠나기 시작했다.

'여긴 오래 있을 데가 못 되겠구나……'

어느 날 밤 사람이 드문 시간을 타서 가방을 들고 기숙사를 빠져나왔다. 일단 대구로 내려가자는 생각이었다. 시간과 돈이 아까우니 가사 공부는 그만두고 미술 공부를 해야지 하며 결심을 굳혔다. 그러나 1941년, 1942년, 일본 전쟁태평양전쟁은 싱가포르로 해서 잘도 진전하다가 차츰 시원찮게 전개되었다. 물자도 귀해지고 공출도 많아지고 학도병이다, 징용이다 하며 세상이

박남옥

각박해졌다.

❖

　나는 천안으로 갔다. 그곳 주소로 서울에 있는 운보 김기창 선생과 현초 이유태 선생에게 편지를 내었다. 천안에는 하야가와早川 단식료斷食寮단식원가 있었다. 하야가와식의 단식을 하는 곳으로 정식 허가가 있었으며 주인이 죽은 후로는 그 부인이 운영하고 있었다. 나는 어디가 많이 아팠다기보다는 운동을 심하게 하다가 중단해서 그런 건지 몸이 이상한 것 같았다. 단식을 하고 몸이 종전대로 건강해지면 서울 생활을 하며 새 출발을 하고 싶었다. 엄마는 걱정이 되어 둘째 남동생을 천안까지 동행시켜주었다. 단식료는 시내에서 한참 벗어난 곳에 있었는데, 400평가량으로 마당이 꽤 넓은 일본식 집이었다. 연초라 날씨가 추운 편이었는데 모인 사람들은 여자 일곱 명, 남자 열다섯 명 정도로 약 20명이 조금 넘었다. 늙은 사람, 젊은 사람…… 나는 여자 중 젊은 축에 들어갔다. 단식을 2주 한다면 한 달이라는 시간이 필요하다. 시작하는 날 하얀 밥 한 공기에서 반 공기, 그다음은 보리밥 한 공기에서 반 공기, 또 그다음 날은 죽 한 공기에서 반 공기, 그리고 주스 한 컵에서 반 컵, 이런 식으로 줄여나가는 것이다. 사흘 후부터는 완전히 물만 마시는 시기가 시작된다. 이때 이틀 만에 네댓 명이 없어졌다. 며칠 후 편지가 왔다. 인천에서 온 젊은 우리나라 청년과 대구 도청에 근무한다던 일본인 남자에게서 온 편지였다. 참다못해 천안역에서 가락국수 두 그릇을 먹고 돌아와서 직장에 나가면서 숨을 돌리고 있다며 '여러분들은 계속 단식하느라 수고하세요' 이런 내용이었다. 단식은 절식에 들어간 후 3, 4일이 고비다. 앉으나 서나, 눈을 감으나 뜨나 육개장, 초밥, 순대, 생과자, 빈대떡…… 생각 안 나는 음식이 없으니 그저 죽을 지경인 것이다. 밤에는 잠도 오지 않는다. 낮에는 하루 두 번 좌선, 마당 산책, 그리고 낮잠을 잔다. 사실 3일째 되었을 때 그만두고 싶었다. 물만 마시다 4일이 지나니 이상하게도 먹는 생각은 희미해지고 그저 기운만 영 없어졌다. 설령 호박죽이나 빈대떡이 옆에 있다 하더라도 먹으면 죽을 것 같은 생각도 들었다. 완전히 절식하니 화장실 갈 일도 없고 낮에 마당 산책을 할 때에는 넘어질 것만 같았다. 한편 머릿속은 그렇게 맑을 수 없었다. 꼬박 2주일의 단식이 끝나던 날 주스 반 잔으로부터 죽 반 컵, 죽 한 공기, 보리밥 반 공기, 이런 식으로 식사를 늘리며 한 달이 후딱 지나갔다. 밥이 들어가도 기운이 금방 나는 것이 아니고 오히려 변비 때문에 고생이 심했다. 좀 걸을 정도가 되자 여자 셋이 목욕탕에 갔다. 단식료 안에는 목욕탕이 없었고 천안역 근처까지 먼 길을 걸어가 목욕을 하고 나니 일어날 기운도 없었다. 체중을 달아보니 1미터 63센티미터에 60킬로그램 체중이었던 내가 46킬로그램이 되어 있었다. 버스도 택시도 없던 때라 걸어서 단식료까지 돌아오는 데 없는 기운에 걸어도 걸어도 길은 끝이 없었다.

❖

편지 답장이 왔다. 기다리던 김신재로부터는 소식도 없고 김기창 선생과 현초 선생의 두 통이 나를 기다렸다. 서울 운니동 18번지, 운보 선생의 주소를 아직도 기억한다. 선생은 시국이 이 모양이니 객지에서 그림 공부 하자면 고생이 많을 것이며 올라오면 찾아오라는 내용의 답장을 보내주었다. 한 장 반의 그 달필의 편지는 가보인 양 소중히 간직했는데 지금은 없어져버리고 말았다. 현초 선생은 화실이 명륜동에 있다며 자세한 약도까지 그려서 세 장 분량의 친절한 답장을 보내주었다.

그리하여 몸을 움직일 수 있게 되자 2월 말이었는지 으슬으슬 추운 어느 날 서울역에 내렸다. 〈스미스 씨 워싱턴에 가다〉라는 미국 영화에서 꿈을 안고 시골에서 수도로 나가 활약하는 제임스 스튜어트처럼 나도 꿈과 기대를 가지고 서울역에 내렸다. 서울역 근처 벽에는 방한준 감독의 〈거경전巨鯨傳〉 포스터가 붙어 있었다. '바야흐로 전시戰時구나……' 김신재, 김소영이 나오는 이 영화는 '고래를 많이 잡자'라는 내용의, 전시에 맞춘 영화였다. 고래를 많이 잡으면 그 기름으로 비행기나 전차를 움직이게 된다는 건지 뭔지 그런 것은 알 수 없었지만.

꿈을 안고 올라온 서울은 많이 추웠다. 단식으로 인해 체중이 줄어서 더욱 그렇게 느껴졌는지도 모르겠다. 옛날 서대문구청이 있던 서울역 근처, 아는 사람 집에 우선 하숙을 정했다. 모녀가 사는 이 집은 우리 집안과 친한 사이였다. 명륜동 화실을 찾아가기 전에 몇 가지 볼일부터 보았다. 우선 친구에게 연락을 했다. 이 친구는 중앙청지금의 세종로에 있던 조선총독부 건물 옆 팔판동에 살고 있었는데 어린 아들을 업고 나타났다. "내가 창신동에 누구를 만나러 가는데 같이 가자. 안내 좀 해줘." 화신 앞에 장안 서점이 있고 그 옆 꽃집에서 수선화를 사 든 나는 친구와 종로 5가 창신동까지 걸어서 갔다. 그땐 전차도 없었을까? 왜 걸어갔을까? 꽃이 부러지지 않도록 잘 들고 걷느라고 너무 애를 썼던지 팔목이 다 아팠다. 팬레터를 그렇게 정성 들여 자주 보내도 영 답이 없는 그 사람은 어떻게 생겼을까? 영화에 비치지 않은 본래의 얼굴이 보고 싶었다. 〈수선화〉 〈성황당〉에 나오는 그런 가련한 인상일까, 〈풍년가〉에 나오는 예쁜 시골 처녀 인상일까? '영화 입문은 스타 연모로부터'라 했다. 창신동 일대는 새로 지어진 한옥들이 아담한 동네였다. 똑같은 집들 중 어느 대문 앞에 가까이 가니 큰 키에 흰 수건을 머리에 쓴 할머니가 나왔다.

"누굴 찾으시오?"

이북 사람들은 머리에 흰 수건을 쓰곤 하던데 이 할머니는 최 감독배우 김신재는 최인규 감독과 결혼했다의 어머니인 듯하였다.

"저…… 성일이 어머니를 찾아왔습니다."

마루에서 내려서는 세 살쯤 되어 보이는 성일이에게 운동화를 신기던 성일이 어머니는 힐끗 돌아보고는 신을 마저 신기고 아이를 데리고 나섰다.

"저…… 대구에서 편지 자주 한 박입니다."

이렇게 인사를 했는데도 한마디 말도 없이 나를 보더니 아이를 데리고 대문 밖으로 나간다. 너무나 멋쩍어진 나는 가져간 꽃은 마루 끝에 놓고 친구에게 "가자, 가자" 하고 끌고 나오니 친구

배우 김신재.

가 "이제는 네 부탁 안 들어준다. 말도 제대로 못하면서……" 했다. 이 친구는 제일 먼저 서울로 시집왔지만 그 전부터 서울말을 하던 아이였다. 그렇게 연모하던 김신재와의 첫 대면은 이렇게 허무하게 끝났다.

이 무렵, 한국 영화계도 어수선하게 되어가는 것 같았다. 〈거경전〉〈태양의 아이들〉〈너와 나〉〈병정님兵隊さん〉〈수업료〉…… 일본 도호 영화사와 합작으로 전쟁 선전 영화판으로 바뀌는 추세였다. 물자 배급을 타려고 줄 서 있는 사람들의 모습이 이 동네 저 동네 자주 보였다.

❖

나는 서울역 근처의 하숙집에서 전차를 타고 명륜동 현초 선생 화실로 매일 출근하였다. 동양화는 나와 안 맞는다고 생각했지만, 서양화와는 달리 성질이 차분해지는 느낌이었다. 전람회가 많지는 않았지만 여기저기 개인전도 보러 다니고 가을의 조선미술전람회는 몇 번씩이나 보러 갔다. 그 당시는 대학교(전문학교) 내에 미술과라는 부분도 없었고 물론 미술대학도 없었다. 미술 공부를 하려면 일본으로 가야만 할 때였다. 화실에 나간 지 1년 가까워질 무렵, 나 외에 단 하나의 제자이던 남학생이 글라이더 연습 도중 사고로 죽었다. 명륜전문학교에 다니던 이 남학생은 그때 돌고 있는 학도병 소집 때문에 항상 걱정했다고 한다. 그 학생을 잃고 나니 화실에는 선생과 나, 단둘만 남았다. 나는 며칠 휴

위   1942년 동양화 전시회에서.

아래   동양화 선생님이었던 현초 이유태.

가를 내어 숙명전문에 다니던 문학소녀 친구인 H 양과 금강산 구경을 나섰다. 기차가 철원, 안강을 지나 원산역에 잠시 정차하자 우리는 찰떡을 사 먹었다. 달리는 기차 차창에 동해 바다의 파도가 튕겨 오고 명사십리 내려다보이는 모래사장에 해당화가 붉게 피어 있는 경치는 놀라울 정도로 아름다웠다. 장전역은 조그마한 역, 십수 명이 내리니 선인仙人같이 생기신 할아버지가 마중 나와 있었다. H 양의 아버지였는데, 그녀는 나이 많은 부모님의 외동딸이었다. H 양 아버지의 어장은 제일 큰 어장이었으나 꽁치든 무엇이든 잡아 올리는 고기는 모조리 공출당하는 그런 시국이었다. 큰 게를 잡아 올리면 그 게의 껍질을 냄비 삼아 불 위에 얹어 찌개를 끓였으니 그 맛이 어떻겠는가!

동해 바다가 아름답다고 알고는 있었지만, 그 경치와 맑은 공기에 나는 감동하였다. 따뜻한 햇살 아래 바닷가 바위에 앉아 그 친구 첫사랑의 슬픈 이별에 같이 눈물짓던 철부지 우리들.

완구玩具같이 예쁜 온정리역에서 금강산을 올라가다 다리가 너무 아픈 바람에 중턱도 못 가고 내려왔다. 그때 금강산을 구경하길 잘했다고 생각하지만, 사실 나에게는 그 어장과 바닷가 모래사장 그리고 해당화의 경치가 더 인상 깊었다. 지금도 그 친구에게 그때 구경시켜준 고마움을 잊지 않고 있다. 2년 전 내가 서울에 갔을 때 부산에서 올라 온 H 양과 일산의 조용한 요정에서 만남을 가졌다. 그 시절 장전 바닷가 추억담을 늘어놓고 모리노 이시마쓰森の石松의 나니와부시浪花節일본 전통 창를 한 곡조 뽑는데 목소리가 나오지 않아 우리 둘은 웃어대었다. 우리의 전통음

악을 배우지 못하던 시절이니 우리는 일본의 나니와부시를 전문가 못지않게 부르며 젊은 날을 보냈던 것이다.

금강산 구경에서 돌아와보니 서울 공기는 더욱 삭막해져 있었다. 내가 서너 살 때 미국 할아버지라고 불리던 사람이 우리가 살고 있던 시골에 와서 사진결혼으로 미국 하와이 사탕수수밭에 시집갈 시골 처녀들을 모집하듯이 이 무렵 일본군위안부라는 이름으로 시골 처녀들을 공출하기 시작했다. 서울이나 대구 같은 큰 도시 사람들은 몰랐지만, 무수한 시골 처녀들이 "돈 많이 벌게 해준다"라는 꼬임에 일선의 생지옥으로 끌려갔다. 소위 지금 '정신대' 문제 이야기다. 나의 그림 선생은 노총각이었는데, 징용 문제가 걱정되어서 조만간 평양 근처의 탄광으로 피신할 예정을 하고 있었다. 정든 화실에 몇몇이 모여 송별회를 가졌다.

〈러브스 곤〉, 이 곡을 선생은 평상시 좋아했던지 그날 몇 번이나 틀었다. 나는 그 이후 이 곡을 들을 때마다 각자 꿈을 간직하고 있던 명륜동 화실 식구들 생각을 한다.

❖

그림 공부는 그렇게 하여 일단락되고, 나는 친구 남편의 소개로 사단법인 조선영화사 광희동 촬영소에 들어가게 된다. 전시인 관계로 뉴스 제작이 주였고, 간혹 무엇인가 만든다 해도 "개척하자, 대륙을!" 하는 식의 문화영화였다. 전쟁도 패색이 짙어지던 1943년 말, 대구에 계신 부모님들의 성화로 또 고향에 내려가게 되었다. 지인의 소개로 〈대구일일신문〉 문화부에 입사하였다. 그 당시 일본 사람에 의해서 경영되는 큰 3대 신문사로는 〈평양일보〉〈경성일보〉 그리고 〈대구일일신문〉이 있었다. 소속 부서가 문화부였고, 내가 영화에 대하여 조금 안다고 하여 영화평을 부탁받았다. 독일 영화 〈지배자〉와 우리나라 영화 〈갈매기〉에 대한 평을 썼고 신문에 인쇄되어 나오기는 했으나 지금 생각하면 진땀 나는 일이다. 영화 평론이란 아무나 할 수 있는 일이 아니기 때문이다.

달성공원에서 결전미술전람회가 개최되었다. 막바지 전쟁 선전 결의 대회 격이었는데, 일본의 대가들의 대작들이 속속 도착하였고 도청이 주최 측이 되어 도내 미술가들도 모두 작품을 냈다. 판사 부인도 참여하고 대구역 앞 완구점 다루마야 집의 예쁜 딸도 회원이었다. 달성공원의 미술전람회, 육군본부 상이군인 문병 등으로 가야할 곳도 많았고 신문사 일이 꽤 바빠졌다. 전쟁이 막바지에 다다르는지 편집국장과 일본인 기자들의 안색이 어두워졌다. 하루는 편집국장에게서 어느 전사자 집을 방문하여 기사를 쓰라는 지시를 받았다. 삼익동 우체국과 박정희 전 대통령이 다닌 대구사범학교 사이에 있는 네 채의 일본인 주택 중 두 번째 집이었다. 문은 열려 있는데 인기척은 없다. 방 입구에 소리 없이 서 있으려니 한 여자가 장시간 불공을 드리고 있는 것이 보였다. 사실 나로서는 그녀가 일본 불단의 신자인지 기독교 신자인지 알 수 없었다. 한참 그러고 있던 그녀는 내 쪽을 돌아보고 "일부러 오셔서 감사합니다"라며 인사를 했다. 그녀는 남편 없이 아들 하나와 둘이 살았는데, 그 아들이 몇 달 전 소집되어 남쪽 수마트라 근처 전투에 투입되었다고 한다. 전투 중 열대지방의 큰 거미에게 물려 열이 나고 치료 중이라는 소식의 편지를 받은 것이 며칠 전이었다. 그런데 오늘 아침 전사 통지가 왔고 그녀는 이렇게 명복을 빌고 있었다. "내 아들은 희생되었더라도 우리 일본은 꼭 이길 것이다."

그 일본 어머니는 나에게 깊은 인상을 남겼다. 우리들 어머니들 같으면 땅을 치며 울고 난리일 텐데 그 여자의 조용한 태도에 나는 숙연하기도 했고 한편으로는 무서운 기분도 들며 신문사로 돌아왔다. 그러고는 "그렇다. 이런 당당한 황국皇國의 어머니가 있는 한 일본은 꼭 이길 것이다"라고 나 자신에게도 낯 뜨거운 거짓말 기사를 썼다.

기사는 잘 썼다. 신문 한 페이지의 반을 메운 그 기사가 나간 사흘 후, 한 남자가 찾아왔다. '순지'일본인 성라고 적힌 봉투 하나를 전하고 갔는데, 그 봉투 안에는 돈이 20원 들어 있었다. 내 월급이 30원일 때였다. 나는 기자로서 시국에 따라 그러한 거짓말 기사를 썼지만 일면 생각하면 나도 친일파로 불릴 수 있겠다. 그런데 하나 있는 아들이 죽은 마당에 "감사하다" 사례까지 할 줄 아는 그 여자는 보통 사람 이상의 존재인가? 나는 지금도 그 여자의 심리를 이해하지 못하고 있다.

❖

1945년 8월 15일, 우리나라는 36년 일본의 속박에서 해방되었다. 거리에는 남녀노소 할 것 없이 태극기를 흔들고 "만세! 만세!"를 외치는 물결이 넘쳐흘렀다. 한 일본 군인이 군복에 칼을 뽑은 채 술에 취해 비틀거리다 길가에 넘어지는 모습도 보였다. 8월 15일, 편집실 스나다 국장은 책상을 치면서 눈물을 흘렸고 얌전한 젊은 나카무라 차장은 고개를 숙이고 조용히 눈물을 흘렸다. 가쓰라 기자는 폐가 나쁘면서도 연신 줄담배 연기를 뿜어대면서 창밖을 보고 있었는데 그 눈에서도 눈물이 흘렀다. 천황이 무엇이며 군국주의가 무엇이기에 경제 대국인 미국을 이기겠는가? 넓은 땅이 욕심이 난들 섬나라가 대중국을 쉽게 차지하겠는가?

일본인 가족들은 떠날 준비를 하기 시작했다. 이남 사람들은 떠나는 일본인 가족들에게 후하게 대하였다. 이별을 아쉬워하고 가구들을 돈으로 쳐주면서 짐을 옮겨주었다. 서울역 앞에는 이북에서 38선을 넘어 내려오는 일본인 피난민들의 남루한 모습이 보였다. 아이들은 신도 벗어진 채 손을 잡고 울며 부모들을 따라온다. 가구도 돈도 잃고 먹지도 쉬지도 못한 채 가까스로 38선을 넘어오는 것에만 목숨을 건 초라하고 참혹한 대열은 끝이 없었다.

『내가 넘은 38선』이라는 소설이 일본 문단에 발표되어 베스트셀러가 되고 수백만 권이 팔렸다. 작가는 보통 젊은 여자였는데 이 책 한 권으로 일본 문단의 총아가 되었다. 후지와라 데이의 소설. 원제는 『흐르는 별은 살아 있다』.

현재 70대, 80대의 나이인 우리들은 우리나라 역사는 고사하고 우리말도 제대로 배우지 못하였다. 철자법도 띄어쓰기도 형편없는 나는 교정도 볼 수 없는 수준이었고 신문사에 있을 수가 없었다. 1946년, 나는 서울에 또 올라가야겠다는 생각이었다. 그해, 1946년 3월의 나라 꼴은 이루 말할 수 없이 복잡했다. 일본인들의 피난 행렬, 남쪽 유명 인사들은 이북으로 납치되고 남로당 분자는 남한에 내려와서 세도를 부리고, 적산敵産 가옥이다, 집 쟁탈전이다, 일본 군인들이 남기고 간 총기들…… 미군이 확고하게 자리를 차지한 것도 아니고 이승만 정권이 뿌리를 내린 것도 아니고 우왕좌왕…… 일제하에서 해방은 되었어도 혼란한 시기였다.

❖

　1946년 3월까지 〈대구일일신문〉에서 일하고 있던 나는 서울 광희동 촬영소로 돌아갔다. 그때 이규환 감독의 〈똘똘이의 모험〉이 편집 중이었고, 〈자유만세〉는 일부 촬영분의 '랏슈rush. 편집 전에 시대로 촬영됐는지 확인하는 작업'를 보는 날이었다. 인화실 근처에 있는 나를 전창근 감독이 불렀다. 그는 경상남도 도처에서 제작한 세 권짜리 기록영화 〈낙동강〉을 만든 감독이다. 막 랏슈를 보고 장내에 전기가 들어오니 〈자유만세〉 스태프들이 모두 거기 있었다. 형사로 나오는 독은기는 알고 있던 사이라 인사를 하자 전 감독은 스태프들이 모여 있는 쪽으로 나를 데리고 가 소개한다.

　"대구에서 올라 온 영화학도 박 군을 소개합니다."

거기에는 전 감독의 부인이기도 한 유계선, 김승호, 황려희 등의 배우들이 있었고, 후에 〈미망인〉으로 인연을 맺게 되는 미스터 정도 있었다. 대구에서 몇 번 편지를 보냈던 나를 기억하고 있었던 전 감독이 나를 박 군이라 부른 것이 재미있었다. 흰 수건을 목에 걸고 머리를 빡빡 깎은 전창근 감독은 생각보다 젊어 보였다. 이때는 그가 중국 우창武昌대학을 마치고 고국에 돌아와 〈복지만리〉라는 영화를 만든 몇 해 후였다. 영사실 뒤쪽에 앉아 있던 김신재는 나를 쳐다보지도 않았다. 그날의 랏슈 장면은 주인공인 독립투사 최한중(전창근 분)이 물에 빠져 죽어가며 "님은 가시고 해방은 왔습니다"라는 자막이 나오는 라스트신이었다. 그다음부터는 〈자유만세〉 녹음이 있는 날마다 돈암동에서 사이드카물건을 싣는 운반차가 달린 오토바이를 타고 출근했다. 촬영기사 한형모가 모는 이 사이드카는 극중 일본 형사(독은기 분)가 타는 차다. 차 안에는 최인규 감독, 황려희, 나, 이렇게 타고 있었다. 이 차로 창신동의 울퉁불퉁한 도로를 달리는데 진동이 어찌나 심한지 촬영소에 도착할 때쯤 되면 황려희와 나는 허리가 너무 아파 울상이었다. 해방 후 곧 제작이 시작된 〈자유만세〉는 다음과 같은 줄거리다. 일제 때 일본 헌병에게 쫓기며 숨어 다니던 독립투사가 부상을 당하여 어느 병원에 숨어 입원한다. 그 병원에는 혜자라는 간호원이 독립투사 동료(김승호 분)와 함께 비밀리에 부상자를 숨겨주고 옹호하다가 결국 발각되어 8월 15일 해방하기 전에 남산으로 도망가던 중 총에 맞아 죽는다. 혜자 역을 맡은 황려희는 그때 경기여고를 갓 졸업했는데 놀라울 정도로

박남옥

〈자유만세〉의 김승호와 황려희. 하단은 박남옥 글씨.

신선하고 신인답지 않게 연기를 잘했다. 이 무렵 〈새로운 맹서〉라는 영화에는 최은희라는 신인 배우가 등장하여 황려희와 쌍벽을 이루었다. 〈자유만세〉의 녹음 작업은 11월과 12월 추운 겨울 내내 진행되었다. 사이드카가 조달되지 않은 날이면 황려희와 나는 촬영소까지 걸어갔다. 눈이 40센티미터씩 쌓인 길을 둘이서 걸어가다 창신동 언덕에서 몇 번이나 넘어지던 기억이 아름답다. 장갑이나 끼고 있었는지……

　따뜻한 내의도 없던 시절, 우리는 젊었고 영화에 취해 추운 겨울도 신나게 지냈다. 녹음 작업이 철야로 진행될 때는 우리는 인화실에서 모포 한 장으로 잠을 잤는데, 그 작업실에는 먼지가 얼마나 많았을까? 하루는 독립투사 최한중이 기생 미향(유계선 분)의 뺨을 때리는 장면을 녹음할 때였다. 실감 나게 진짜로 뺨을 때렸다. 한 번이면 다행인데 NG로 몇 번씩 반복하니 급기야 미향의 볼이 퉁퉁 부어올랐다. 대사도 길지 않은 장면이었는데 몇 번씩 반복하면서 연습하는 유계선의 열성은 놀라웠다. 역시 일인자는 어디가 달라도 다르다. 몸을 사리지 않고 이런 연기를 하는 사람은 그리 흔치 않다.

　영화계는 차츰 활발해졌다. 〈민족의 새벽〉 녹음 작업에는 나도 처음부터 참여했기 때문에 많은 것을 배웠다. 1946년 12월, 눈이 많이 내린 세모歲暮였다. 〈자유만세〉의 완성이 가까워지자 최인규 감독의 돈암동 집에서 크리스마스 파티가 있었다. 작가 박계주, 최영수, 최정근, 음악 평론가 박용구, 홍은원, 황려희, 전창근, 유계선, 나, 한형모 내외, 이른바 호화 멤버가 모인 파티였고 밤새 즐거운 시간을 보냈다. 유계선, 최감독, 그리고 일하는 아이가 술상과 음식을 번갈아가며 날라 왔지만, 김신재는 일절 얼굴을 비치지 않았다. 그때 김신재는 아이를 낳았고, 그래서 대신 황려희가 〈자유만세〉의 혜자 역을 맡게 되었는데, 나는 김 신재가 아이 재우려고 방에 누워 있나 하며 궁금해했다. 그해의 크리스마스이브는 춥지는 않았으나 전날 온 눈이 마당에 자욱 쌓여 달빛이 유난히 희게 보였다. 해방도 되었고 〈자유만세〉의 완성도 가까워지고 하였으니 얼마나 즐거운 자리였던가! 그러나 나중에야 알게 된 가슴 아픈 이야기가 있었다.

연희대학 2학년에 재학 중이던 남동생 영기는 그날 밤새 최감 독의 집 문 앞에서 보초를 섰다는 게 아닌가! 내가 나오기를 기 다린 것인지 그 추운 밖에서 서 있는 줄도 모르고 우리는 안에 서 즐거운 시간을 보내고 있었던 것이다. 대학생이던 남동생이 영화계에 몸담고 있던 누나가 탈선할까 봐 걱정하던 그런 구식 시절이었다.

나는 그 후 김신재를 짝사랑만 한 것이 아니고 돈암동 그가 사는 곳 가까운 곳에 하숙을 들어갔다. 아담한 한옥이었는데 주 인은 경상도 아주머니 산파였다. 그때의 보초병 남동생 영기는 안암동 이화장 맞은편 큰 한옥에 하숙하고 있었는데 그 집은 훗 날 동생의 처갓집이 되었다.

세월은 너무도 많이 흘렀다. 그날 밤 파티의 멤버들은 다 고인 이 되었고 보초 서던 남동생마저도 가버렸고, 이제 남은 사람은 박용구, 황려희, 나뿐이다. 그 시절에는 눈이 오면 30~50센티미

1946. 트웨버 拍答이 꿏

1946

1946年 크리스마스 이브
초봉호 감독 집 에서

위 1946년.

아래 최인규 감독 집에서의 크리스마스이브 파티. 가운데가 박남옥과 황려희.

터씩 쌓이곤 했는데 지금 서울은 눈이 와야 기껏 3~5센티미터 뿐이고 그나마도 간혹 볼 수 있으니 지구가 많이 변한 것인가. 이곳 로스앤젤레스에서는 눈 구경은 물론 못하지만, 텔레비전 화면에서라도 가끔 눈 오는 장면을 보게 되면, 그 겨울, 그 크리스마스이브, 그리고 먼저 간 영화인 동지들과 남동생 생각에 가슴이 쓰려온다.

❖

8·15 해방이 되고 어언 1년 반이 지났다. 1947년, 삼일절이 오면 광희동 촬영소 촬영반은 뉴스 찍기에 바빠진다. 우익이 하는 삼일절 행사를 서울운동장^{지금의 동대문역사문화공원 자리에 있던 동대문운동장}에서 급히 찍고 나면 좌익이 하는 행사는 남산으로 가야 한다. 그 많은 인파 속에 따라다니는 것도 정말 고역이었다. 두 조로 나누어서 찍으면 될 것을 왜 한 조로 우르르 다녔는지, 촬영기사가 부족했던 것일까? 연단에서 침을 튀기며 연설하는 사람은 이북의 유명 인사였다. 남한에 남로당이 50만 명이 있었다고 했다. 그때까지는 삼팔선을 올라갔다 내려갔다 하던 때였다. 미군 군정이 들어서고 대통령은 이승만 박사였지만 한민족은 두 쪽으로 나뉘어 서로 우기기만 하고 타협할 줄 모르는 한심한 상황이었다. 그때 김구 선생은 김규식 등과 걸어서 삼팔선을 넘어 김일성과 통일국가 건설을 논의하였지만 허사가 되었다. 이승만 대통령은 해외 망명 생활이 너무 길었던 까닭에 국내 실정에 어두웠지

만, 그래도 복잡한 나라 사정에도 불구하고 큰소리하면서 미국에게 원조를 받아내었다.

우리는 서울운동장의 우익 행사와 남산의 좌익 행사를 촬영하고 내려오고 있었다. 일행이 남산 중턱까지 내려오는 순간 갑자기 총소리가 여기저기서 요란하게 났다. 촬영기사는 기재를 든 채, 우리는 모두 사방으로 튀었다. 나는 왕년의 단거리 경주 실력을 발휘하여 잽싸게 뛰었고 정신 차려보니 남대문 앞에 정차해 있는 전차 밑에 엎드리고 있었다. 무슨 충돌이었을까? 3, 40분 후 잠잠해진 듯하여 전차 밑에서 기어 나왔다. 각자 알아서 돌아온 우리는 광희동 촬영소에서 모두 다시 만났다. 그 당시 서울 시내는 총소리가 자주 나고 시비도 벌어지는 무질서한 나날이었다.

❖

어느 해였는지 보스턴 마라톤에서 우승한 서윤복 선수가 인천까지 개선하여 돌아오는 모습을 촬영하러 가는 길에 나도 따라가기도 했다. 봄이었나 여름이었나 기억은 확실치 않으나 최은희가 처음 주연하는 영화 〈새로운 맹서〉가 남대문 세트장에서 촬영되었다. 나는 그 작품의 기록을 맡았다. 하루는 촬영이 끝나고 밤늦게 집에 돌아가는 길이었다. 은희가 자기 집에 가자고 했다. 캄캄한 밤길을 걸어 을지로입구까지 오니까 파출소에서 신분증을 보자고 했다. 우리는 그때 '영화동맹'조선영화동맹인가, 뭐 그런 것을 가지고 있어 통과되고 을지로 층계를 따라 (그때는 그곳에 층계가 있었다) 걸어가니 가로등도 없는데 달은 휘영청 밝아 기분 좋은 밤이었다. 은희는 "오, 도련님!" 하며 난데없이 대사 한 구절을 실감 있게 뽑았다. 연극에 나오는 대사였는지 영화 대사였는지는 모르지만, 은희도 참 재미있는 친구였다. 을지로를 다 지나고 장안동인지 왕십리인지의 은희네 집에 밤늦게 도착하니 은희 어머니는 맛있는 찌개를 올린 밥상을 내놓으신다. 생선찌개 아니면 된장찌개였는데, 오늘날까지 그날밤의 은희 어머니가 해주신 것보다 더 맛있는 찌개를 먹어보지 못했다. 훗날 알게 된 얘기지만, 그 당시 안암동과 돈암동 일대에는 좌익 영화인과 예술가 들이 많이 있었다. 그들은 자주 모여서 무슨 토론을 하곤 했는데, 하루는 나에게도 참가하라고 제의가 있었다. 나는 바쁘다며 가지 않았다. 후일 누구에게 들은 얘기로는, "박 아무개는 다 좋은데 사상이 영 아니야!"

무슨 사상을 말하는가! 그러고 보니 을지로입구 파출소에서 제시했던 영화동맹 신분증은 분명 좌익이었다. 그로부터 수없는 세월이 흐른 후, 지금 모든 것이 이해된다. 그 당시 남한은 사상적으로 거센 물결이 일고 있어 통합이 되지 않고 여기저기 복잡하기만 하였다. 나는 이렇다. 좋아하는 영화의 길을 매진하면 되는 것이지, 사상은 무슨 얼어 죽을 사상인가! 그때나 지금이나 나에게는 그들이 논하는 '사상'은 없다! 나의 얘기를 하는 마당에 있어 갑자기 세계적인 사람들을 들먹이는 것은 경우에 맞지 않지만 〈민족의 제전〉을 만든 리펜슈탈 감독은 히틀러의 사상과 관계없이 자기 일을 하였다. 우리나라가 낳은 세계적인 무희 최승

최은희와 박남옥의 젊은 시절.

희는 무용 예술을 한 것이지 김일성의 사상을 존중한 것은 아니었다. 이 두 사람은 멋진 올림픽 기록영화를 찍기 위해, 한국 무용의 체계적인 발전을 위해 사상 따위는 제치고 오로지 자기 일에만 몰두하였다. 즉, 나에게는 예술이 정치와 합류되지 않는다.

광희동 촬영소에는 기술직이 아닌 서무과 직원이 두 명 있었다. 미스터 리라는 30세 조금 넘은 얌전한 청년이 그 두 명 중 하나였는데, 이 청년이 하루는 나에게 "결혼하자"라고 했다. 몇 해나 같은 사무실에 있었어도 별 대화도 없었고 그저 일만 아는 성실한 사람이었는데 갑자기 돌았나? 그리고 며칠 있으니 이제는 "결혼해서 이북으로 가자"라고 한다. 나로 말할 것 같으면, 결혼도 싫고 이북도 싫었기 때문에 그 제안은 거기서 끝났다.

훗날 알게 된 이야기지만, 1950년 6·25전쟁이 일어나기 전 안암동과 돈암동 일대에서 매일 모이던 영화인들, 예술가들 중 쥐도 새도 모르게 월북한 사람들이 있었다. 물론 그 미스터 리도 올라갔다.

훗날 전쟁이 일어나고 9·28. 육군본부가 서울로 올라오자, 국방부 촬영대는 을지로 허바허바 사진관에서 잠시 작업을 하게되었다. 그때 나는 이북의 뉴스, 극영화를 볼 기회가 있었다. 그중 한 영화에 장교 역을 의젓하게 해내고 있는 배우의 얼굴을 본나는 경악했다. 바로 그 얌전하던 미스터 리가 아닌가! 나는 '그 사람, 완전한 사상가로구나' 생각하며 혼자 웃었다.

❖

〈새로운 맹서〉의 남대문 세트 촬영이 끝나가니 촬영 팀은 다음 로케지로케이션 지역인 포항으로 떠나게 되었다. 여기서 인원 관계로 나는 빠지게 되어 (내색은 크게 하지 않았지만) 내심 섭섭했다. 서울에 남게 된 나에게 광희동 촬영소 일은 그날이 그날이고 복잡한 시국에 국내 뉴스만 만지고 있는 판이었다. 따분했다기보다 영화에 대한 의욕이 꺼져가는 것 같아 초조해지는 듯했다. 밀선을 타고 일본으로 갈까? 이런 모험을 마음속에 그리기 시작했다. '여고 시절, 완고한 교장 덕에 꿈을 이루지 못한 한을 풀어야지, 일본 가서 미술 공부를 하든지 영화 공부를 현장부터 시작해서 배워야지⋯⋯' 생각이 여기까지 다다르자 나는 행동에 옮겼다. 경남 삼천포로 향했다. 행인가 불행인가, 나의 첫 모험은 실패로 돌아갔다. 배에 오르기도 전에 발각되어 출발은커녕 몇몇 사람은 하룻밤을 유치장에서 보내고 돌아왔다. 삼천포 경찰서의 젊은 경찰관은 나에게 "누님, 이런 모험은 절대로 하지 마이소" 하면서 갈치와 새끼 조기가 섞여 있는 생선 상자 두 궤짝을 대구행 트럭 편에 얹어주며 나를 대구까지 트럭에 태워 보내주었다. 밀선 타려고 나섰던 범인에게는 과분한 처사였다. 그때 처음 가보았던 삼천포. 고래잡이 뱃고동 소리만 생각하면 그 친절했던 젊은 경관의 얼굴이 생각난다.

내가 서울에서 대구로 내려온 것이 8월 말이었나? 나는 밀선 관계를 알선하는 사람에게 선금을 주고는 연락을 기다리곤 했는데, 며칠 기다리다 보면 나의 큰 남동생은 어떻게 알아내었는지 자신을 형사라고 속이고서 그 선금을 받아 돌아오곤 해서 나를

〈새로운 맹서〉에서 기록을 맡은 박남옥.

놀라게 했다. 이 남동생은 크리스마스 파티에서 누나를 보호하겠다고 시키지도 않은 보초를 섰던 바로 그 동생이다.

하루는 볼일이 있다고 식구들에게 말해놓고 부산에 내려갔다. 그때 부모님에게는 일본 가서 3년만 공부하고 돌아오겠다고 말씀드려놓고 있었다. 부산 국제시장에서 밀선 알선 중개인을 만났다. 선장이라는 사람의 집으로 올라가는데 무슨 동네인지 제일 높은 꼭대기의 허름한 집이어서 예감이 좀 이상했다. 그 선장의 배는 일본 나고야에 살던 일가족 스물한 명이 전세를 내어 가는 밀선이었다. 삼삼오오 여기저기 흩어져 있다가 밤이 되자 연락을 받고 모이기 시작하여 어두워져 잘 보이지도 않는 작은 배에 올라탔다. 배에 오르니 간신히 끼어 앉아 도대체 움직일 수가 없는 공간이었다. 스물한 명이 타도록 전세를 낸 배에 나같이 빈대 붙은 밀항자가 30명이나 더 탔으니 합쳐서 51명! 나는 점점 불안해졌다. 불안했지만 일단 배에 올라가 타고 있으면 곧 떠나겠지 하면서 마음을 가라앉히고 있는데 배는 좀처럼 떠날 기미가 없다.

'이상하다. 여기가 어디쯤일까?'

캄캄한 밤하늘에 간혹 은빛의 큰 물체가 뛰어올라 나를 깜짝깜짝 놀라게 한다. 달빛 아래 찬란한 은빛은 다름 아닌 큰 갈치였다.

'갈치의 색깔이 저렇게 아름다웠던가?'

사방이 희미하게 보이기 시작하니 배가 조금씩 움직이는 시늉을 했다. 그곳은 거제도였다. 섬 한구석에 밤새도록 숨어 있다가 아침에 출발하는 모양이었다.

박남옥

'야아! 이제사 난 일본에 가는구나! 니가타까지는 3일 걸릴 거고 규슈 사세보는 하루 만에 간다고 했으니 오늘 저녁에는 영락없이 일본에 도착하겠구나.'

대한해협도 반쯤 지났을까? 날씨는 화창하기 그지없고 경비행기나 경비선도 보이지 않는 망망대해가 펼쳐지는 그 마당에 깜짝 놀랄 구경거리가 또 생겼다. 꽁치만 한 크기의 물고기가 열 마리 스무 마리씩 열을 지어 물 위를 날다가 바다에 빠지고 하는 짓을 반복했다. 일본 말로 도비우오飛び魚날치라고 한다. 나는 자리도 없는 배 안에서 쪼그리고 앉아 있었지만 마음은 천하태평이었다. 그러한 바다 광경을 처음 보는 나로서는 구경에 온 정신이 팔려 있었다. 그런데 사람 일은 한 치 앞을 모른다는 게 바로 이 경우인가.

배를 탄 지 이틀째. 나고야 가는 아이들의 할머니들이 꿀물이 먹고 싶다며 신음 소리를 내며 까무러쳤다. 할머니라고 하지만 50대의 아주머니들이었다. 현해탄이 가까운가, 갑자기 파도가 거세졌다. 그러자 힘없이 흐느적거리던 사람들이 "물, 물!" 하며 아예 소리를 질러대니 배 안은 아수라장으로 변했다. 이때 갑자기 "퉁!" 하는 소리가 나더니 배가 멈추었다. 나침반이 고장났다고 선장은 외쳤다. 부산에서 출발할 때는 나침반도 두 개 있는 신식 배라더니 하나밖에 없는 똥배에 50명이나 태웠으니 배가 견디겠는가. 일자무식 군인 선장이 어떻게 고칠 것인가! 갑자기 배 안으로 물이 고이기 시작했다. 아프다고 쓰러져 있던 사람들의 옷은 삽시간에 젖어버리고 기운이 남아 있는 몇 명의 남자들은 물을 퍼내기 시작했다. 나도 남자들에 끼어 바가지로 물을 퍼냈다. 아픈 사람들 간호하던 딸과 며느리는 사색이 되어 울었다. 울고 앉아 있을 일이 아니라 도움이 되는 일을 할 수는 없을까? 그런데 이상하게도 배는 파도에 밀려 조금씩 남쪽으로 떠내려가는 느낌이었다. 물 퍼내는 나의 손은 감각을 잃어가는 듯하고 머릿속에는 큰일 났다는 생각 외에 아무 생각이 없었다. 사람들은 울어대고 생지옥 같은 상황에서 비행기 소리가 들리는 듯하였다. 모두들 흰 천을 모아 묶어 허공을 향해 흔들어대며 "살려달라!"라고 큰 소리로 외쳤다. 큰 소리라야 얼마나 컸을까? 3일째 물도 제대로 마시지 못한 힘으로 지르는 소리니.

참다못해 바닷물이라도 마신 사람들은 오히려 토하고 도로 옆으로 넘어지는 판이었다. 그 비행기는 우리 같은 밀선을 감시하느라 떠 있는지도 모르는 데다 너무 높이 떠 있고, 우리 배는 너무 작아서인지 우리를 보지 못하였다. '죽었구나! 이제 영화고 미술이고 다 끝장이다. 옛날 성악의 선구자 윤심덕은 사랑하는 유부남과 이 현해탄에 몸을 던졌다는데 나는 지금 밀선에서 물 퍼내다 현해탄에서 익사하는구나. 가족들이나 친구들이 훗날 들어도 흥행 가치가 하나도 없는 얘기군.'

파김치가 된 몸에 남아 있는 것은 유머뿐이었다. 대마도는 벌써 지났을 텐데 가물가물 잘 보이지는 않지만 멀리, 아주 멀리 섬 같은 것이 보이는 것 같았다. 가까워지니 섬 꼭대기까지 갈아 놓은 밭에서 무엇인가 심고 있는 듯한 여자들이 희미하게 보인다. 물 퍼내던 손을 멈추고 젊은 남자 셋이 그 먼 섬까지 헤엄쳐

박남옥

서 가겠다고 나섰다. 몇천 미터도 넘어 보이는데 무슨 체력이 남아 있다고 나서는지 걱정이었다. 아니나 다를까 50미터도 못가서 두 청년은 기권했다. 스무 살의 남 군은 겨우겨우 섬 가까이 가서 일본 말로 무엇인가 이야기 하는 것 같다. 남 군은 일본에서 태어났다고 하는데 처음에 선조의 묘를 참배하겠다고 제주도를 갔다가 자기 나라로 돌아오는 길에도 밀항이었다. 섬 가까이 있던 어선 두 척이 탈진 상태로 쓰러진 남 군을 신고 우리 쪽으로 오고 있었다. 물 퍼내던 나도 더 이상 팔에 힘이 없었다. 어선 한 척은 우리 배 앞을 끌고 다른 한 척은 뒤에서 밀면서 방파제 근처로 그 잘난 밀선을 몰려갔다. 섬의 경비대원들이 몰려와서 한 사람 한 사람씩 부축하면서 방파제로 올려 보내는데 제대로 설 수 있는 사람이 없었다. 3일 동안 물도 못 마시고 끼어 앉은 채 오줌도 싸던 사람들이 일어설 기운이 있을 리가 없었다. 시멘트 바닥에 누워 기어들어가는 소리로 "물, 물……" 하고만 있을 뿐이었다. 청년들이 물을 급히 들고 왔다. 우리에게 작은 컵 하나씩을 주더니 물을 컵의 8부 정도 따라주었다. 물을 조금 얻어 마신 우리들은 더 달라고 미친 사람들처럼 애원했지만 그들은 절대 더 주지 않았다. 오랜 시간 물을 안 마시다가 갑자기 많이 마시면 이상이 생겨 죽는다는 것이다. 돌이켜보니 만일 우리나라 해변가에 밀항자들이 표류되어 나타나 마실 물을 달라고 보채면 건강을 염려해서 반 컵만 주는 배려를 보일까 하는 생각이 든다. 그리고 한참을 있으니 트럭 두 대가 와서 우리들을 태우고 섬 안의 큰 강당 같은 곳에다 내려놓았다. 다섯 사람은 응급치료가 필요하여 급히 병원으로 실려 갔다. 밀선에서 물에 젖은 채 웅크리고 끼어 앉아 있던 우리는 넓은 강당 바닥에 큰대자로 퍼져 누워 모두 잠이 들었다. 불과 3일 만에 거지꼴로 변한 내 모습이 나도 이상해서 옷을 만지작거리며 멍하니 앉아 있으니, 한 젊은 경비대원이 "섬 구경을 하시렵니까?" 하고 나에게 묻는다. 그러자고 나서니 자기 자전거 뒷자리에 나를 태우고 섬 연안을 획 한 바퀴 둘렀다. 그 와중에 나는 책방이 있나 물어 책 몇 권을 사고 구멍가게에도 들러 소라마메^{누에콩}와 센베이를 사서 숙소(?)인 강당으로 돌아왔다. 돌아오자마자 방금 사 온 책 중 영화잡지부터 펼쳐보았다. 그러나 책의 질이 너무 나빠서 놀라웠다. 인쇄술로는 세계 으뜸간다고 하던 일본이 패전으로 인해 얼마나 물자가 귀해졌기에 이런 수준의 책을 만들었을까? 어찌 되었든 그 잡지에는 에바 가드너가 뉴페이스로 등장했다는 이야기, 〈소년의 거리Boy's Town〉의 미키 루니가 그녀를 꼬셔서 동거한다는 등의 내용이 있었다. 그때 산 다른 책은 〈문예춘추文藝春秋〉였던 것 같다. 며칠 후 병원에 실려 갔던 사람들이 돌아오니 우리는 섬 중에 경찰서가 있는 곳으로 이동되었다. 사흘을 묵은 이 섬은 규슈 북쪽에 있는 고토五島 열도였고, 처음 구조받아 배에서 내린 곳은 우쿠마치다이라宇久町平라는 동네였다. 경찰서는 고토 열도 중 중간 섬에 있었다. 트럭을 타고 그 섬으로 가는 길은 나락^{벼의 경상도 방언}밭이 가도 가도 끝이 없었다. 9월이었나, 나락에는 파릇파릇 싹이 돋아 있었고, 무수히 서 있는 감나무에는 파란 감이 많이도 달려 있었다. 사선死線을 넘어온 나의 심신은 평화로운 섬

박남옥

의 시골 풍경에 한없이 편해졌다. 이상한 것은 섬사람들 중 우리를 이상한 눈으로 구경하는 사람들은 아무도 없었다. 우리의 몰골은 거지 집단 같았을 텐데. 나는 그들의 그런 점이 좋았다. 우익이다 좌익이다 하며 시끄럽고 복잡한 해방된 서울보다 어쩐지이 평화로운 시골 풍경이 내 고향 같은 느낌이 들었다.

사세보 수용소 이야기는 길게 쓸 필요 없지만 수용소 인원 5분의 1이 일본인이라 놀라웠다. 대만에 있다가 전쟁이 끝나 빨리귀국하지 못하고 늦게서야 자기 나라로 돌아가는데도 밀입국자가 되어버린 입장이었다. 그중 안면이 있는 사람이 몇 있었다. 그들은 작가, 무대 안무가, 음악가였는데, 우리는 서로 모르는 척피하면서 수용 기간을 넘겼다. 10월 말이나 11월 초쯤에 큰 연락선 편으로 부산에 보내졌다. 현해탄을 바라보면서 좁쌀만 한 나무배에 50명이 탔다가 죽을 고비를 넘기던 모습이 떠올랐다. '분명 하느님은 존재하신다. 나를 살려준 것은 무언가 뜻이 있어서겠지. 무슨 일을 해서 보답하라는 것인가.' 부산항에 닿을 때까지 나는 여러 가지 생각에 잠겼다. 부산에 상륙하여 동래 경찰서인가에서 하룻밤을 자고 나니 그사이 나는 전과 일범이 되어 있었다. 밤 기차로 대구로 향했다. 김해를 지나 물금양산시 물금읍 가까이 오는데 차창 밖으로 보이는 낙조 전 저녁노을이 너무나 아름다워서 '이런 조국을 등지고 밀항을 한 나는 전과 일범이라도싸다' 이런 생각이었다.

대구의 집으로 돌아오니 모두 나를 보고 웃었다. 가족들의 웃음에는 '그것 봐라' 하는 뜻과 '말려도 막무가내로 떠나더니 살아 돌아와서 다행이다'라는 뜻이 함께 들어 있었다. 먼저 온 사람들의 이야기를 들은 가족들은 나도 돌아올 것을 벌써 알고 있었다.

실로 오랜만에 기억해보는 일들이다. 우쿠마치다이라라는 마을 이름은 지금도 생생하게 기억나는데, 나를 자전거에 태워 섬 구경을 시켜 준 청년 이름은 몇 해 전까지는 기억할 수 있었으나 지금은 전혀 생각나지 않는다. 결국 세월 앞에서는 내 기억력도 맥을 못 추는가! 우쿠마치다이라에서 병원으로 실려 갔던 나고야 할머니는 귀국 후 곧 돌아가셨다는 소식을 나는 전해 들었다.

❖

대구에서 며칠 푹 쉬지도 않고 거지꼴만 조금 면하게 되자마자 나는 서울로 올라갔다. 어떤 새 출발을 할 것인지 막연했다. 그동안 〈자유만세〉는 흥행이 잘되고 있었다. 홍콩에 수출되었다는 이야기도 있었는데, 우리 영화가 외국에 나간 것은 처음이었다. 최은희는 〈새로운 맹서〉가 끝나고 〈마음의 고향〉이라는 영화에 출연 중이었다. 〈자유만세〉가 역작이었다면 〈마음의 고향〉은 수작인 작품이다. 일본의 〈작은 섬의 봄小島の春〉이라는 걸작을 낸 도요다 시로의 퍼스트였던 윤 감독^{윤용규}의 이 영화는 아직도 내 마음에 드는 우리나라 영화 중 하나다.

서울의 시국은 여전히 소란스러웠다. 삼일절 행사를 두 장소에서 벌여야 했던 상황은 지나갔지만 아직도 총소리가 나고 유명 인사가 이북으로 납치되어가고 하는 식이었다. 1948년에는 여

수순천사건이 나고 같은 해에 제주 4·3사건이 나고 나라는 그야말로 격동기를 지나고 있었다. 대구에서도 10·1사건[1946년]이라는 일이 터졌는데, 대구에 내려가 젊은 아이들이 피투성이가 되어 길가에 죽어 있는 모습을 보았다. 치과 의사였던 친구의 작은 아버지를 위시해 많은 의사들이 가창면으로 끌려가 총살당했다고 한다. 죽음을 당한 의사들은 모두 좌익이었다고 하는데 해방하고 4년이 되어가는 마당에 그놈의 사상이 도대체 무엇인지 한심한 노릇이었다.

1945년. 중국 임시정부를 지키던 백범 김구 선생은 서울로 돌아왔다. 38선을 걸어 올라가 김일성과 통일 정부를 이루기 위한 노력을 했지만 허사로 끝나고 1949년 6월에 괴한의 총탄으로 쓰러져버리고 만다. 일본으로부터 나라를 지킨 위대한 지도자가 조국에서 받은 것은 겨우 괴한의 총탄이었으니 이 나라의 미래가 걱정스러웠다. 알 수 없는 민족이다. "1950년이야말로 조국 통일의 해"라며 큰소리치던 김일성이 6월 25일 서울로 처내려올 것도 모르고 이 민족은 김구 선생을 지키지도 못하였다. 김일성은 응큼하게도 1950년 6월 중순부터 개성, 연천, 철원 일대에 군 장비를 집결시켜놓고 6월 25일 '폭풍'이란 명령하에 남으로 처내려왔다. 나는 김일성의 계획에 대해서는 아는 바가 없이 1950년 6월 24일 밤차로 대구로 내려갔다.

한국전쟁

1950 ~ 1953

6·25동란은 어떻게 일어났는가? 한국전쟁은 누가 무엇 때문에 일으켰는가? 장본인인 김일성이 아무 사과 없이 죽었으니 알 길이 없지만, 그 많은 사람들이 피난을 가고 끌려가고 가다가 맞아 죽고 이산가족이 천 명, 만 명 이상 생기고 남북한 200만 명이 죽었다는데…… 사람들은 재산과 가족을 잃고 도시는 폐허가 되고……

　우리 집안에서는 죽은 사람은 없었지만, 내가 겪은 마음고생 몸 고생을 생각하면 지금도 이가 갈린다. 내가 아는 것은 1945년 일본으로부터 해방이 되고 남한에서는 1948년 8월 15일 대한민국정부가 탄생되었고 북한에서는 그해 9월 9일 조선인민공화국이라는 것이 설립되었다는 것이다. 그간 남한에는 소위 빨갱이라고 불리우던 남로당 분자가 50만 명이나 섞여 살고 있었다고 한다. 삼일절이나 8·15 행사를 할 때 우익은 서울운동장, 좌익은 남산에서 하는 바람에 우리 조선영화사 광희동 촬영대는 서울운동장으로 가기도 하고 남산을 올라가며 찍기도 했다. 그 당시의 국내 혼란상을 이야기하자면 끝이 없다.

　1950년 6월 24일, 서울에 있던 나는 밤차를 타고 대구로 내려갔다. 사람이 한 치 앞을 모른다는 것은 이런 것을 두고 하는 얘기인지. 6월 중순쯤에 둘째 언니 가족이 대구에서 서울 을지로2가로 이사를 왔다. 나는 언니 집을 지키고 있다가 대충 정리가 되자 서울 음대에 다니던 둘째 남동생이 이사한 회현동 중턱의 하숙집도 둘러보고 충무로에서 맛있는 저녁도 먹고 길가에서 파는 '그랜드캐니언' '애리조나' 등 천연색의 호화 화보를 사는 등 하며(그때는 미제 과자, 담배, 책 들을 길가에서도 팔았다) 태평세월을 누리다가 대구로 내려가는 길이었다. 그때 산 호화 화보는 아직도 가지고 있다. 대구에 내려가 한숨 자고 일어나니 웅성웅성하는 것이 이상한 뉴스가 귓전에 들려왔다. 북한이 쳐내려왔다는 것이다. 25일 아침 7시, 라디오 뉴스가 나왔다. 부슬부슬 내리던 비도 그치고 하늘은 개어 햇빛이 나기 시작했는데 서울 시민들은 뉴스를 들으면서도 실감하지 못했다고 한다. 6월 25일 일요일, 일본이 진주만을 습격한 날도 일요일, 독일이 소련을 침공한 것도 1941년 6월 22일 일요일이라고 한다. 1949년 12월에는 정보실장 박정희 소좌에게 정보국 전투정보과 북한반 반장인 김종필 중위가 북한이 전면적 공격을 해올 예측에 대한 보고서를 작성해서 제출했다고 한다.

그런데 한국동란은 어떻게 쥐도 새도 모르게 일어났는가? 일본 문춘문고文春文庫분게이슌주 문고에서 발행한 『조선 전쟁』 1, 2, 3권을 읽어보니 이러한 내용이 있다. 그때 미국은 일본과 한국을 동시에 관리할 능력이 부족하여 알류샨, 오키나와, 일본, 필리핀 선으로 전선을 축소했다고 한다. 1950년 6월 1일, 미국 트루먼 대통령은 기자회견에서 "지금부터 5년간 전쟁은 없다. 과거 어느 때보다 평화로울 것이다"라고 발표하였다. 1950년 6월 7일, 평양방송은 남북한 평화통일을 위하여 대표 회의를 개최할 용의가 있다고 했다. 트루먼 대통령은 맥아더 원수의 말과 이승만 대통령의 우는소리를 귀담아듣지 않았던 것이다. 그가 기자회견에서 발표한 후 불과 24일 만에 한국전쟁이 터졌으니 말이다. 김일성이 스탈린에게 남한 침공에 대한 상의를 하니 스탈린은 그것은 남북한 사이의 집안일이지만 김일성을 격려하면서 전면전의 성공을 빌었다고 한다. 1950년 2월, 모스크바에 장기 체류하던 모택동^{마오쩌둥} 중국 수석은 소련의 눈치를 봐가면서 김일성의 남한 습격 제안을 승인했다고 한다. 김일성은 그때 한국의 국방 정세, 국민들의 혼란한 상태, 이승만 대통령의 시들한 인기 등을 감안하여 소련의 원조와 중국의 승인을 뒤로 업고 단숨에 쳐내려가면 2, 3일 내로 서울을 점령해서 승리하리라고 계산했는지도 모른다. 미국의 개입은 계산에 없는 일이었다. 6월 중순에 이미 38선을 내려오는 일대 주민들을 5킬로미터 밖으로 철수시켜놓고 준비 태세를 갖추었다. 6월 22일, 6월 23일, 북한반장 김종필 중위는 당직실 벽의 시계를 응시하고 있었다. 정찰 나간 2조의 정찰 대원들은 호우와 칠흑 같은 어둠으로 앞이 안 보여 상황 연락조차 못하고 있었다. 그 당시 남한과 북한의 군 병력은 비교할 만한 수준도 못 되었고 비행기, 화포, 전차 등의 비율에서 남한은 북한의 3분의 1도 미치지 못하였다. 그나마 전차는 북한만 가지고 있었고 남한은 없었다. 이러한 3 대 1의 비율이 그때 우리나라의 상황이었는데 무엇을 믿고 6월 24일 장교 구락부^{클럽} 낙성식 파티를 열고 있었는지 한심하다. 6월 24일 심야 파티가 겨우 끝날 무렵, 두 조의 정찰대가 전곡 가까이 도착하니 주위 일대 언덕에 이미 전차 엔진 소리가 비와 어둠 속에서 진동하고 있었다 한다. 정찰대가 기겁하여 송화기를 당겼으나 전화선은 이미 불통이었다. 25일 새벽 4시. 비는 계속 쏟아지고 북한군은 '폭풍'

이라는 암호로 개성, 광릉, 의정부, 춘천 방면에서 서울을 향하여 일제히 쳐들어오고 있었다. 오전 10시나 되어 이승만 대통령에게 긴급보고가 들어갔다고 한다. 대통령은 아침에 창경원 연못에서 낚시를 하고 있었다. 군인들은 농한기를 기다리고 장교들은 외출을 서두르고 있던 일요일 아침이었다. 개성이 함락되고 의정부, 미아리, 김포공항에는 적기가 나부끼는데 그때 서울은 어떤 상황이었나? 오전 11시. 육군본부 지프차가 시내를 분주히 달린다. 수도극장 후에 스카라 극장으로 바뀌었다가 철거되었다 운동장에 모인 군인들의 원대 복귀 방송이 연달아 나온다. 6월 25일 오전 11시 김일성 방송. "매국노 이승만 괴뢰정부군은 38선 북부를 공격하기 시작했다. 우리 군은 용감히 공격해서 적을 해주 지구에서 정지시켰다." 북의 거짓말은 그때부터 이런 식으로 시작되었다. 쳐들어온 것은 자신들이었으면서 역으로 우리에게 덮어씌우는 것이다.

〈경향신문〉의 벽보가 붙기 시작했다. "우리 군은 금일 미명 38선 전역의 남침을 즉시 교전 격투 중이다." 25일 오후 1시 30분. 워싱턴의 트루먼 대통령에게 남침 제일보가 전달된다. 이승만 대통령은 "게릴라를 격투해서 각자 임무를 수행하라". 빨간 별표가 붙은 적군의 비행기가 서울 상공을 날아오니까 서울 시민들은 바짝 긴장, 거리에서 집으로 들어가 라디오 방송에 귀를 기울인다. 25일 밤이 되어 방송은 "동두천 방면의 적 전차 부대를 완전히 격파." 25일 육군본부와 정부는 꼬박 밤을 새웠다. 25일 밤중에 이승만 정부는 대전으로 이동, 한강은 폭파되고 서울 시민들은 남쪽으로 대이동을 시작했다. 서울은 문제없다던 군 정부는 이렇게 하여 산산조각이 되었다. 서대문형무소는 해방이 되고 서울 시민 요인要人들은 북으로 끌려갔다. 대구 역 앞에는 소식을 들으려는 사람들로 초만원을 이루었다. 우리 어머니도 며칠 전 이사 간 둘째 언니네 집, 큰아들, 둘째 아들이 걱정되어 매일 역으로 나갔다.

이승만 대통령은 대구, 진해로 피난 가고 정부 요원들은 부산으로 내려갔다. 곧 대전, 안동, 영천, 대구까지 위험하게 되었다. 대구 팔공산에는 밤마다 공산군 암호 불빛이 반짝였다. 그 무렵 7월 초 아니면 중순쯤, 대구 도청에서 '국방부 촬영대'를 조직했다. 목포에서 〈사나이의 길〉이라는 영화를 촬영하던 제작자, 한형모 감독, 촬영부원, 진행 등 모든 스태프진들은 6·25가 터져 촬영을 중단하고 대구로 왔다. 대구에 있던 나를 포함하여 몇몇 사람들이 합세하여 전쟁 뉴스를 찍기 시작했다. 물론 이 촬영대의 궁극적인 대장은 국방부 장교였다. 부산 보수동의 3층 건물에서 피난 내려온 조명 기사와 우리들은 현상실과 편집실에서 작업을 하며 매일 쏟아져 나오는 전쟁 뉴스를 다루었다. 나는 대구가 걱정이 되어 자주 올라가보곤 했는데, 대구에서 피난 내려오는 사람들, 부산, 경산에서 거꾸로 대구로 올라가는 사람들로 거리는 말할 수 없이 혼잡하였다. 자동차 도로에는 머리를 빡빡 깎은 16, 17세가량의 소년 포로들이 트럭에 가득 실려 내려가고 있었다. 매일 내려가는 그 포로들은 거제도 포로수용소로 실려 가는 것이다.

그러던 어느 날, 월성^{경주시 월성동} 방면에서 서울에 있던 큰 남동생 소식이 엄마 귀에 들어왔다. 그 소식은 인민군이 되어 그 무렵 경주까지 와 있었던 사돈네 작은집 아들이 전해준 것이었다. "형님은 처갓집 마루 밑에 숨어 무사하다"라는 소식이었다. 큰 남동생보다 연희대학 1년 후배였던 작은집 아들은 예쁘장한 외모로 그 집안의 외동아들이었는데, 그 후 경주 전투에서 죽었다는 소식이 들려왔다. 그러니 전쟁은 무엇인가? 큰집은 누상동에 있었고 작은집은 용산 조폐공사 바로 근처에 있었다. 30명 가까운 사돈의 친척들이 서울의 그 작은집에 모여서 공포의 나날을 같이 지냈다. 그러다 7월 초인가, 용산 조폐공사 폭격하던 날, 일요일 아침 10시였을까, 모두 폭음에 하늘로 날아가 시체도 못 찾았다는 이야기다. 작은집의 하나 있던 아들, 부모, 그 많던 재산은 물론, 친척 수십 명이 하루아침에 잿더미가 되었다는 이야기다. 이것이 전쟁이다. 평화통일, 문화공작, 모두 거창한 제목일 뿐이며 웃기는 이야기다.

❖

1950년 9월. 서울은 탈환되고 연합군과 국군이 북진하는 뒤를 이어 육군본부도 100대의 트럭으로 서울로 올라간다. 나는 때가 왔다고 생각하여 빨리 움직였다. 여자는 동승시키지 않는다는 규정을 무시하며 나는 촬영대 대장에게 동생들 때문에 꼭 서울에 가야 한다며 매달렸다. 가까스로 승낙을 얻자 군복을 입고 문관文官의 자격으로 올라가게 되었다. 대구를 지나서 왜관倭館을 지나니 시가지, 길, 학교 할 것 없이 화염에 싸여 타고 있었다. 길도 망가져 트럭이 가기에는 너무나 험악했다. 대전은 도시 전체의 반 이상이 파괴되어 불타고 있었고 도처에 연기만 자욱한데 다리가 다 파괴되었으니 차가 앞으로 갈 수가 없어 지지부진하고 있다. 서울이 가까워질수록 그 참사는 더 비참했다. 인민군 탱크가 여기저기 부서져 있었다. 부평 가두 가까이 가니 참새구이 같이 불에 타 팔다리들이 잘려진 인민군 시체들이 길가에, 탱크 위에, 도처에 늘어져 있었다. 탱크의 포문은 해바라기같이 벌여 있었고 몇 대가 있는지 분별할 수가 없었다. 트럭 행렬은 서울 시내로 곧장 들어가지 않고 인천을 지나 부평 가두로 하여 신촌, 연희동, 독립문 그리고 서대문 로터리로 향했다. 훗날 동아출판사 시절 내가 살았던 서대문 일대는 그나마 남아 있는 건물들도 총탄에 파괴되어 형체를 알아볼 수가 없었다. 중앙청에는 태극기가 게양되어 있었지만, 서울을 떠나지 않고 남아 있던 사람들, 건물, 거리 모습은 모두 폐허와도 같았다. 촬영대는 우선 을지로입구 허바허바 사진관에 짐을 풀었다. 9월 28일에 출발했으니 서울에서의 첫날은 29일 아니면 30일이었는데, 나는 남동생 영기 집과 둘째 언니 집을 찾아가보는 일이 급했다. 촬영대장에게 지프차를 몇 시간 빌리는 허락을 받고 동생 집으로 향했다. 아침 8시 반쯤, 중앙청 옆 누상동 일대에는 사람이라고는 그림자도 안 보였다. 조용한 골목길에 굳게 닫힌 대문을 두드리니 좀처럼 사람이 나오지 않는다. 그동안 전쟁 통에 사람들의 가슴이 모두 얼어 붙은 것일까?

"누구시오?"

평양 말투의 키가 큰 할머니가 문도 열지 않고 살펴보더니 군복을 입은 나의 모습을 보고 급히 들어갔다. 한참을 기다리니 남동생의 장모인 얌전한 사돈 양반이 문을 열면서 동생을 불렀다. 반늙은이가 된 모습으로 동생 영기가 나타났다. 운동선수였던 그 체격은 어디로 간 건지 안쓰러웠다. 그런데 이 순간 "얼마나 고생이 많았노?"라는 말을 해야 할 것을 내 입에서는 "니는 마루 밑에 숨어서 이래 살았는데 상기는 어데 끌리갔노?" 하는 매정한 말들이 튀어나왔다. 한참 있다가 동생은 바람을 좀 쏘이고 싶으니 어디론가 데려다달라고 했다. 시내가 온통 파괴되었으니 어디가 어딘지 분간이 안 섰지만, 지금 생각하면 우리가 간 곳은 원남동 근처였는지도 모르겠다. 허허벌판 같은 시내를 지나 집이 겨우 서너 채 있는 어느 모퉁이에 차가 섰다. 「빼앗긴 들에도 봄은 오는가」의 시인 이상화의 형인 사학가 이상백 박사의 집이었다.

"갈 때 조심해서 잘 가그라!"

이렇게 말하며 동생을 쳐다보니 아침 햇살에 턱 밑에 자란 흰 수염 두세 개가 보였다. 지금 생각해도 겨우 살아남은 동생에게 보자마자 너무 냉정하게 말한 것이 마음에 걸린다. 내 성격이 급하고 솔직하다 보니 그랬던 것인데 이제 동생은 저세상 사람이 되었으니…… 그때 내가 다짜고짜 뱉은 말에는 "아이고, 니가 살아 있어 반갑고 고맙구나! 그런데 우리 까불이 동생 상기는?" 하는 의미도 섞여 있었던 것을 동생은 알아주었을까? 20년 전 고혈압으로 먼저 간 이 우리 집 장남을 생각하면 늙은 나의 눈에 눈물이 고인다.

❖

영기가 살아 있는 것을 확인한 내가 해야 할 다음 일은 영기 바로 밑의 동생인 상기를 찾아보는 것이었다. 일을 마치고 오후 저녁 무렵 나는 주소 하나를 들고 찾아 나섰다. 집 몇 채만 남아 있는 폐허의 거리라 을지로인지 충무로인지 분간이 안 서는데 지금의 삼용빌딩 근처였던 것 같다. 허름한 적산 가옥 같은 2층 건물에 소아과 병원 간판이 보였다.

"계십니까?"

한참을 찾으니 체격 좋은 멋쟁이 여의사가 얼굴을 내민다. 입원실도 몇 개 있는 것 같으나 환자나 손님은 그림자도 보이지 않고 진찰실에서 나온 그 여의사도 저녁이라 그런지 기운이 없어 보였다. 빨갱이들이 헤집고 지나간 서울은 이렇게 처량했다.

"대구에서 온 박상기 누부^{누나의 경상도 사투리}인데요."

의사는 대답도 없이 서 있는데 입원실 쪽에서 부스스 사람 기척이 나더니 키가 크고 마른 체격의 서른이 못 되어 보이는 남자가 걸음도 제대로 걷지 못하며 미끄러지듯 내 앞으로 왔다.

"누님, 나는 이렇게 탈출해 왔는데 상기는, 상기는 지금 어디쯤 끌려가고 있을까요?"

흐느껴 울며 주저앉아 버렸다. 이 미스터 홍을 통하여 알게 된 상황은 인민군들이 '문화공작대'라는 미명하에 예술인들을 끌고 북으로 올라가는데 거기에 동생 상기가 잡혀 있었던 것이다. 상기는 그때 서울대 음대 성악과에 재학 중인 학생이었으니 예술 분야이긴 하였지만 그 소식을 들은 나는 제정신이 아니었다. 알고 보니 심영沈影, 황철黃澈 등 사상이 삐딱한 일류 연극·영화 배우들이 길에서나 어디에서나 젊은이들에게 무조건 제복을 입혀 끌고 갔다는 것이다. 이 미스터 홍은 취미로 연희대에서 바이올린을 전공하고 있었는데 동생 연배의 학생이었다. 그 후 이 미스터 홍, 여의사 부부와 나는 꽤 친하게 되었다.

그 무렵 하루는 명동 충무로를 걷다가 작가 박계주 씨, 영화평론가 유두연 씨와 마주쳤다. 박계주 씨도 춘천을 지나서 도망해 온 상태였다. 그가 살아 돌아온 기쁨으로 우리 셋은 의자에 앉아 마시는 맥줏집에 들어가 축하 술잔을 나누며 회포를 풀었다.

나는 곧 행동에 나섰다. 10월 1일부터 허바허바 사진관에서 각 전투 지역에 뉴스 촬영차 나가는 촬영기사에게 둘째 동생 상기의 사진과 인상, 특징 등을 적은 쪽지를 꼭 가지고 나가게끔 했다. 전진하는 지점에서나 돌아오다 낙오병과 마주치거나 할 때 비슷안 인상착의에 경상도 사투리로 말하는 학생이 있으면 꼭 박상기인가 물어보고 내 이야기를 해달라고 부탁했다. 그래서 찾게 되면 비상수단을 써서 지프차에 태워서 데려와달라고 신신당부했다. 그날부터는 기사에게 담배를 손에 쥐여주며 때로는 껌이나 캔디 등 심심치 않게 군것질거리를 제공해대는 것도 나의 일과가 되었다. 하루하루 날짜는 잘도 가는데 나에게는 비슷한 얘기도 들려오지 않았다. 미스터 홍의 병원을 찾아갔었던 그날 저녁 이후 나는 어둑어둑해지는 저녁 무렵이면 을지로입구부터 헤매였다. 충무로와 을지로 사이, 즉 을지로 1가에 국제신문사라는 것이 있었고 국제신문사와 을지로 사이 골목에는 꽤 아담한 한옥들이 빽빽이 있었는데 앞을 보나 뒤를 보나 허허벌판이니 알아볼 수가 없었다. 사방 어느 쪽을 보아도 을지로 3가까지 그저 계속 평야였다. 그런대로 대충 짐작으로 걸어가니 한 곳에서 연기가 모락모락 나고 있었다. 자세히 보니 깨어진 크림 통들이 잔뜩 쌓여 있었고 그 안의 크림이 타며 연기가 나고 있었다. 둘째 언니 집이 있던 바로 그 옆집인 듯하였다. 나중에 알게 된 것은 그 집은 크림 만드는 가내공업을 하던 집이었는데 집은 사라지고 크림 통만 남아서 타고 있었다는 것이다.

언니 집은 잿더미로 변해 있었다. 오던 길 쪽으로 50미터쯤 보이는 곳에 집이 몇 채 있었던 것 같아 무작정 달려가 물어보았다. 그중 한 집에서 말해주기를 집은 얼마 전에 타버렸고 저쪽 넓은 집 사랑채에 이사 온 식구가 있다는 것이다. 대문이 열려 있기에 들어가보니 언니의 어린 아들 둘이 놀고 있고 팔십 넘은 사돈할머니는 행주를 빨고 있었다. 내가 큰 소리로 아이 이름을 부르니 방 안에 누워 있던 둘째 언니가 뛰어나왔다. 언니와 사돈할머니 그리고 나, 우리 셋은 눈물로 상봉의 기쁨을 나누었다. 형부는 외출 중이었는지 없었고 우리는 얼마 동안 그러고 있다가 말문이 터졌다. "얼마나 고생이 많았노?" "대구는 무사한지……"
이야기가 끝이 없었다. 불타버린 언니의 새집 지하실에 숨어 있던 둘째 남동생 상기는 바람 쏘인다고 나간 후 돌아오지 않은 상태였다. 언니와 둘이서 상기 이야기에 눈물이 마르지 않았다. 언니는 그때 셋째 아이를 임신하고 있어 만삭이었는데 동생을 잘 숨어 있게 하지 못하고 대구에 계신 부모님께 걱정을 끼치게 된 죄로 마음 아파하고 있었다. 을지로의 집은 완전히 타버려 아무것도 건지지 못했지만 출판사를 한다고 대구에서 가지고 올라온 돈이 있어 비록 전세지만 넓은 아래채를 얻어 살고 있었고 일상생활에 지장은 없었다. 그러나 모든 사람의 얼굴은 공포심으로 가득 차 있었다. 나는 동생 영기와 둘째 언니를 상봉한 소식을 대구 집에 전했다.

문화공작대인지 나발인지 하는 것 때문에 동생 상기가 없어진 내력을 적어보자. 언니 가족이 이사 들어간 을지로 새집이 불타버리기 전, 동생은 그 집 지하실에 숨어 있었다. 며칠은 얌전하게 잘 숨어 있었던 모양인데 답답하고 좀이 쑤셨는지 잠깐 바람 쏘이고 오겠다고 나간 것이 문제였다. 그렇게 나간 아이는 며칠이 지나도 돌아오지 않았고, 얼마 후 무슨 공작대에 끌려간다는 소식만 들려왔다. 그 소식을 들은 언니는 신을 신은 둥 만 둥 하며 임신 중의 무거운 몸을 끌고 명동성당으로 달려가보니 동생은 이미 사라진 후였고 문화공작대 제복을 입힌 채 의정부 쪽으로 끌려갔다는 뒷이야기만 들을 수 있었다. 그 자리에서 언니는 죄책감으로 넋을 잃고 서 있었다. 아버지의 성품을 닮아 어질고

박남옥

말수가 적은 언니는 그때의 상황을 이야기하면서 하염없이 눈물을 흘렸다. 전쟁은 잔인했다. 동생은 어디로 끌려가고 있는지 알 길이 없었고 남아 있는 사람들은 이렇게 울어야 하고…… 형부가 돌아와 우리는 늦게까지 얘기를 나누었다. 북한을 가본 적이 없는 나는 무엇 때문에 무고한 사람들을 끌고 갔는지 답답하고 속이 상해 마구 소리를 지르고 싶은 심정이었다.

❖

1950년 10월 2일. 나는 종일 한 가지 생각뿐이었다. '오늘은 일하다 빨리 돈암동으로 가야지.' 꿈에도 그리던 김신재를 만나러 가는 날이다. 어릴 때부터 잡지에서 보았던 그 가련한 얼굴을 수도 없이 그림으로 그려 보냈지만 답도 없고 내 간장을 태운 사람. "영화 입문은 스타 연모로부터." 영화 배운다, 〈미망인〉을 만든다, 배고파가면서 죽을 고생을 한 것도 처음에는 다 이 연모 때문에 시작한 것이다. 1946년 〈자유만세〉 녹음실에서 만났을 때나 창신동 집으로 수선화를 사 들고 찾아갔을 때나 한마디 따뜻한 말도 건네주지 않던 차가운 사람. 그 사람을 찾아가는 길이다. 삼선교, 창신동, 돈암동, 가까워질수록 마음이 설렜다. 길은 옛날 그대로였으나 거리에는 사람 그림자도 안 보이는 오후였다. 그 시절 나는 김신재의 집 근처에 살면 혹시 자주 볼 수 있을까 하여 돈암동에 하숙을 하고 있었다. 그뿐 아니라 돈암동에는 영화인, 연극인, 문인 등 예술인들이 많이 살고 있었다. 장시간 버스를 기다리고 있노라면 독은기, 문예봉, 아니면 유명한 작가나 영화·연극 평론가 등 낯익은 얼굴들을 볼 수 있었다. 수수한 차림에 조각같이 수려한 옆얼굴을 가진 문예봉은 지금도 인상 깊다. 버스 종점에는 빵집이 있었고 거기서 몇 집 지나면 후생주택같이 똑같은 모양의 넓은 집들이 많이 있었다. 첫 번째 집 문이 열려 있었다. 사람이 있나 하고 두리번거렸으나 집에도 길에도 인기척이 없었다. 한참을 기다리니 키가 큰 할머니가 나타났다. 최인규 감독의 모친이었다. 할머니는 기침을 하면서 누구냐고 묻는다.

"저…… 성일이 어머니를……"

"애기야, 손님 왔어!"

몇몇 늙은 할머니 얼굴들이 보이더니 핼쑥한 얼굴의 김신재가 나타나 깜짝 놀라면서 "이게 누구야!" 하며 내 손을 잡았다. "어떻게 올라왔어?" 십수 년 그리고 연모하던 김신재의 가장 따뜻한 물음이었다. 우리는 살았구나. 전쟁 통에도 살아남아서 이렇게 만나고 있구나. 방으로 안내되어 마주 앉아 오랫동안 서로 얼굴만 쳐다보았다.

"9·28 육군본부 편으로…… 그런데 최 감독이 납치되어서 어떻게 해요?"

김신재는 한숨을 쉬면서 "할 수 없지, 뭐"라고 했다. 그녀에게는 그보다 더 슬픈 일이 있었던 것이다. 그녀의 딸 성옥이 밑으로 연년생 아들이 둘 있었는데 영양실조와 폐렴으로 둘이 한꺼번에 죽었다고 한다. 전쟁 통에 무서움 속에서 모두 그날그날 살아가고 있던 터라 시어머니의 동네 할머니 친구들이 몇몇 들어와 그 넓은 집에서 같이 살았다고 한다. 그 노인 친구들이 모두 심한 천식을 앓고 있어 기침을 하여대니 그만 아이들에게 전염되었다고 한다. 신재 씨의 건강과 심정의 현황을 들은 나는 문득 내가 잘 왔구나 하는 생각이 들었다. 그 화려해 보이던 스타 김신재는 인생을 포기한 사람처럼 망연하게 앉아 있었다. 그리워하던 사람을 그렇게 만난 것은 분명 행복한 일이어야 할 텐데 내 가슴속에는 바람이 한없이 지나가는 듯하였다.

우리가 만난 그 시기는 내가 27, 28세였고, 신재 씨는 나보다 몇 살 위인 31, 32세였다. 신의주 출신의 최인규 감독과 배우 김신재. 일찍이 최 감독은 좋은 작품을 많이 만들어낸 우리 영화계의 귀재였다. 영화밖에 모르는 그 성격에 건강하지도 못한 몸으로 어디쯤에서 세상을 하직했을까. 나는 그가 이미 살아 있지 않다는 생각이 들었다. 내가 이 두 영화인들에 대하여 알게 된 것은 오래전 〈키네마준보キネマ旬報〉라는 일본 영화잡지를 통해서였다.

"27세 젊은 나이에 〈국경〉이라는 영화를 만든 한반도의 최인규 감독은 천재적 존재다. 오늘날 그가 있는 것은 여배우 김신재의 내조의 공이 크다."

내가 그 기사를 읽은 것은 최승희의 무용 공연을 구경 갔던 여학교 1학년 때였는데, 그 이후로 영화잡지나 신문을 통해서 두 사람의 활약상에 대하여 알게 되었다. 〈집 없는 천사〉〈수업료〉〈수선화〉〈성황당〉〈풍년가〉〈그대와 나〉〈거경전〉 등. 그때 아직도 학생 신분이었던 나는 극장은 갈 수 없었지만 영화잡지 탐독과 영화 포스터 수집에 몰두한 결과 나 홀로 영화 도사가 되어 있었다.

신재 씨의 집을 방문한 후, 내가 하숙했던 집에도 들러보았다. 돈암동에 아담한 한옥이 몇 채 있던 곳이었다. 유난히 깨끗하고 햇빛이 잘 들던 그 하숙집을 찾아가니 집은 파손되지 않고 그대로 있는데 아무도 살고 있지 않았다. 내가 쓰던 방문을 열어보았다. 그 방은 이 집에서도 햇빛이 제일 잘 들던 곳이었는데 깨끗한 것은 옛날 그대로였다. 한 번은 내가 촬영소로 출근하고 없는 사이에 친구 오빠가 주인도 없는 방에 들러 내가 만들어놓은 도나쓰를 다 먹고 간 일이 있었다. 요리는 할 줄 몰랐지만 나의 도나쓰 솜씨 하나는 일품이었다. 열몇 개 만들어놓으면 며칠은 밥을 먹지 않고도 견딜 수 있었다. 나의 일품 도나쓰를 먹어 치운 그 오빠는 폐가 약했는데 일본에서 지내던 시절, 시인으로 통하곤 했다. 밀선을 타고라도 일본으로 다시 들어가고 싶어 했고 일본 가는 이런저런 루트가 있다는 얘기를 가끔씩 나에게 하곤 했다. 대학 진학을 결정할 시기에 우에노미술학교에 가고 싶었지만 실현하지 못했던 나는 일본에 가서 미술 공부를 하고 싶다는 생각은 여전히 가지고 있었다. 하지만 영화 한답시고 서울로 상경해버린 것도 부모님에게 죄송해하고 있는 판에 일본에 가고 싶다는 말은 꺼낼 용기가 없었다. 한편 그 오빠는 '대학교수시찰단'인가 하는 명칭하에 동료 친구들과 이북으로 올라가더니 그 후 소식이 끊어졌다. 필경 죽었을 것이라 생각되었다. 내 방을 보니 문득 도나쓰와 그 오빠 생각이 나며 이 집주인 여자는 어떻게 되었

박남옥

을까 걱정되었다. 동네 사람에게 물어보니 죽었다고 한다. 내 고향인 하양, 영천보다 더 시골 지방의 출신인 그 여자는 그저 그런 용모에 나이는 사십 안팎으로 보였다. 산파 일을 하고 살았는데 유식한 말솜씨에 여러 여자들과 모여 지내 활동적으로 보였다. 그렇게 모여서 무엇을 하는 건지 정확하게 알 수는 없었지만 그녀는 항상 바빴다. 고향이 같은 경상도라고 해서 내가 하숙비가 좀 늦더라도 양해해주고 여러모로 무척 친절하게 대해주었다. 그러나 누가 상상이나 했을까? 그녀는 한국전쟁 시 여성동맹조선민주여성동맹에서 높은 자리에 있었다고 한다. 겉으로는 산파, 속으로는 완전한 맹렬 공산주의자였던 모양이다. 산파 기술은 또 언제 배운 것인지 모르지만, 후에 이곳 동네 사람들에게 맞아 죽었다고 한다. 산파는 맞아 죽고 최 감독은 납치되어 가다가 죽었을 것이고 폐가 약하던 친구 오빠 '시인'도 북으로 올라가다가 필경 죽었을 것이고 신재 씨의 어린 두 아들은 병으로 죽고…… 언니는 문화공작대에 끌려 간 동생이 죽었나 살았나, 살았다면 얼마나 고생을 하고 있을까 하는 생각으로 상심하여 자리에 누워 있었고…… 신재 씨에게 또 만나자며 약속하고 그 집에서 나와 옛 하숙집을 둘러본 후 빵집 맞은편에 있던 돈암동 주차장에서 차를 기다리면서 이 생각 저 생각으로 슬펐다. 전쟁이 나기 전인 불과 몇 년 전에 나는 영화에 미쳐 바로 이 돈암동 거리를 비가 오나 눈이 오나 쫓아 다녔다. 그 활기차던 거리가 이제는 슬프고 처량해 보였다. 촬영대 차가 출발할 때마다 동생 소식을 부탁하던 것도 아무런 성과가 없었다. 10월 중순 지나 하순이 가까워와도 아무 소식이 없고 시간만 흘러갔다. 초조하고 하루하루 시간만 가는 것이 고역이었다.

❖

그러던 어느 날, 촬영대로 급한 연락이 왔다. 누상동에 살던 남동생 영기로부터 "상기가 곧 여기로 온다는 연락이 왔으니 누부도 빨리 우리 집으로 오라" 하는 연락이었다. 정신이 아득해서 나는 열 일을 제치고 달려갔다. 갔더니 상기는 집 안 아무 데서도 보이지 않았다.

"어데 갔노?"

"변소에서 한 시간 가까이 되는데 안 나오네."

"쓰러졌나, 니가 한번 가봐라."

큰 동생이 가서 데리고 나오는 그 둘째 동생의 몰골은 괴기 영화의 주인공 같았다. 공작대의 제복이랍시고 입혀져 있는 옷은 갈기갈기 찢어지고 손, 이마, 얼굴 할 것 없이 찰과상이랄까 상처로 덮여 있었다. 심한 곳은 흉터도 나 있었고 몸 전체에 성한 곳이 없었다.

"살아왔으니까 다행이지만 도대체 우째 된 영문이고?"

서너 달 목욕도 못하고 걷기만 한 동생은 이도 빠졌는지 밥도 제대로 먹지 못하고 있었다. 식사를 하면서 드문드문 이야기하는 내용은 다음과 같다.

7월 언제인가 명동성당에서 시작된 여정은 북한의 개천, 선천

박남옥

까지 걸어 올라갔다가 내려왔으니 사람이 기진맥진하지 않겠는가. 처음에 출발한 인원은 몇 명인지 모르지만 의정부, 춘천을 통과하면서 몇 명은 성공적으로 도망해 빠져나갔다. 몸이 아파 낙오한 사람도 있었지만 맞아서 죽은 것인지 감쪽같이 없어진 사람도 있었다. 병자용이랍시고 비상용 자동차가 한 대 딸려 갔는데 사람이 탈 수도 없을 정도로 고물차더니 그나마도 가다가 없어졌다고 한다.

개천을 지나 선천까지 올라갔다. 선천은 함경도라고 알고 있는데 B29 폭격이 연일 계속될 때는 가까운 초가집으로 뛰어들어가 방에 깔려 있던 다 떨어진 돗자리를 덮어쓰고 숨은 일도 있다고 한다. B29 폭격이 쏟아지는 판에 다 떨어진 돗자리로 생명을 구할 리는 없지만 사람의 심리가 순간적으로 그런 것이다. 어떻게 해서든 살아남으려고 안간힘을 다하였던 동생은 살아 돌아왔다. 선천에는 처음으로 미군 낙하산부대가 투입되었다고 한다. 가도 가도 끝이 없는 행군. 급기야는 문화공작대의 높은 놈도 졸병도 더 이상 걸어갈 수 없을 정도로 지쳐버렸다. 인원은 점점 줄어드는데 어두워지던 어느 날, 비까지 부슬부슬 오기 시작하니 '더 이상 못 걷겠다. 쉬어 가자'로 만장일치가 되어 구질구질한 그 행군은 근처 큰 농가로 모두 들어간 모양이다. 큰방은 황철, 심영 등 주요 인물들이 차지한 듯하고 그 옆방은 여자 공작대가 들어가 쉬는 중이었다. 내 동생과 치과대학에 다니던 동생 친구는 농가 입구에 있던 머슴방에서 쉬게 되었다.

"우리 이대로 따라가면 살 길이 아득하고 돌아가다가 맞아 죽어도 죽는 건 마찬가지니까 용기를 내서 튀자!"

둘이서 조용히 결정을 본 후 눈치만 보며 죽은 듯이 기다렸다. 그러고 있는데 동생과 안면이 있는 S 양이 여자 옷을 좀 구해달라고 부탁했다. 농가에는 젊은이라고는 눈을 닦고 보아도 없고 지나가던 노인 부부가 여름 상비옷 한 벌을 구해다 주었다. 해가 뜨기 전 둘은 살금살금 머슴방에서 나와 무작정 남으로 걷기 시작했다. 시도 때도 없이 지나가는 인민군 낙오병이나 국군 선발대를 피해 도망 오는 일은 정말 어려웠다고 한다. 인민군 낙오병을 마주치게 되면 "비겁한 놈들, 어딜 도망가! 총살감이다!" 하며 달려드는 판이니 그럴 때는 둘이 손발 맞추어 연극을 하며 위기를 모면한다. 즉, 한 놈은 아파 죽겠다는 시늉을 하면서 다른 놈은 "친구가 갑자기 배가 너무 아파서 지금 일행에서 처지고 있는 중"이라며 가까스로 통과하고는 했다는 것이다. 국군선발대를 마주 치면 또 총을 들이대니 이 둘은 갖은 연극으로 위기를 넘겨야 했다. 한번은 총을 처음 차본 듯한 신병이 혼자 의기양양하여 "앞으로 서!" 하며 권총 테스트를 해보려는 분위기였다. 두 놈은 '이제 죽었구나' 생각하고 갖은 아양을 떨기 시작했다.

"우리는 빨갱이가 아닙니다. 끌려가다가 친구가 아파서요. 저는 서울대 음대생이고 고향은 대구입니다" 하며 대구 사투리로 사정을 한 동생은 곧이어 성악과 전공이라는 것을 증명하려고 "동해물과 백두산이 마르고 닳도록……" 하며 갑자기 노래를 뽑아내었다. 먹은 것도 없고 지친 몸이라 노래할 상태는 아니지만 죽기 아니면 살기로 배의 힘을 다 짜내어 힘차게 〈애국가〉를 불렀다고 한다. 그런 상황을 몇 번이나 만났는지 얼마나 걸어왔는지는 모르지만 동생의 이마에는 두 군데 크게 찢어진 흉터가 있었다. 나는 그런 동생의 모습이 애처로워서 우리 촬영대 차를 만나 그 차에 올라탔으면 그 고생을 하지 않았을 텐데 하는 부질없는 생각만 하였다. 선천에서 죽을 고생을 하고 며칠 만에 평양을 도착하였더니 평양은 마치 별천지 같았다고 한다. 김일성 사진은 어느 틈에 다 철거되고 대신 이승만 대통령의 초상화가 크게 걸려 있었으며 시민들, 상점 등 도시 전체가 활기를 띠고 있었다. 며칠 전만 해도 죽을 고비를 몇 번이나 만났던 둘은 상황이 달라져 융숭한 대접까지 받게 되었다. 일주일 동안 머무르면서 평양 시민들에게 "동해물과 백두산이 마르고 닳도록……" 애국가를 가르쳐주는 일을 하고 저녁이면 이 냉면집, 저 음식집 돌아가며 저녁 식사 대접을 받았다. 그러고 있으려니 하루는 평양의 큰 냉면집 아주머니가 유계선을 아느냐고 동생에게 물었다. 동생은 유계선도 전창근도 잘 아는 사이였다. 잘 안다고 하니까 그 아주머니는 "내가 유계선의 언니인데 이렇게 장사를 하고 있으니 여기를 빠져나갈 수가 없네. 나는 서울에 못 가니 동생보고 언니가 평양에서 잘 있다고 꼭 전해달라"라고 했다. 동생은 서울에 와서 유계선에게 그렇게 전달했다. 동생과 치과 대학 친구, 이 둘은 죽을 고비와 고생길을 다 지나고 평양에서 도롯코^{truck, 짐 싣는 기차}를 타고 내려왔다. 고량포 언덕에서 멀리 서울 시내가 내려다보이자 둘이서 껴안고 한없이 눈물을 흘렸다고 한다. 7월 초순이었나, 명동성당에서 걷기 시작했던 긴 고생길이 끝나는 순간이었던 것이다.

"살았다! 이제 우리는 살았다!"

시골 동네인데도 미제 초콜릿과 담배를 파는 좌판이 있는 것을 보자 돌아왔다는 실감이 났고 그렇게 해서 고생길은 끝났다.

이야기를 다 마치고 식사를 끝 낸 동생에게 갈아입을 옷을 주니까 입고 온 공작대 제복을 벗어 던졌다. 갈가리 찢어진 그 옷에서 수백 마리의 이가 우글거리고 있었다. 며칠 쉬더니 충분히 안정이 되었는지 을지로 사는 미스터 홍도 찾아가 보고 둘째 언니 집에 가서 걱정 끼친 것에 대한 사과도 하였다. 그리고 10월 이후였나, 나는 두 동생을 헌병대에 자수토록 하였다. 내가 군복을 입고 서울에 올라가기를 잘했지. 일본 격언에 이런 말이 있다.

"정의를 보고 뒷걸음질하면 용기 없는 행동이 된다."

그 후 남동생은 우리 촬영대 차편으로 대구로 내려갔다. 둘째 남동생은 가교사가 있는 부산으로 내려가서 공부를 계속하며 해군 정훈음악대에서도 활동했다. 우리 집안은 전쟁 통에 재물은 잃었지만 부상자나 사망자 없이 모두 무사했다.

며칠 전, 서울에 살고 있는 문제의 그 둘째 남동생에게 국제전화를 걸었다.

"니 문화공작댄가 나발인가 끌려가다가 치과 대학생 친구하고 둘이 도망 나와서 고량포 언덕에서 서울이 보이니까 '살았다!' 카고 둘이서 울었다는 그때가 50년 10월이가 11월이가?" 하고 물어보았다. 동생은

"내가 우째 아노? 그 옛날얘기를."

"옛날얘기라도 장본인이 모르면 누가 아노?"

옛날 일 기억하기가 힘든지 아니면 기억하고 싶지 않은지 통명스럽게 대답한다. 이 동생도 이제 73세이니 치매가 시작되는가? 그런 것 같지는 않고 내 기억에는 11월 하순에서 12월 초인 것 같다. 그러고서는 12월 지나 1월 4일에 '1·4후퇴'가 있었고 온나라가 또 부산 쪽으로 대이동을 하게 된다. 그렇게 온 나라가 남북으로 왔다 갔다 하며 수많은 삶을 희생시킨 그 전쟁은 어처구니없는 남북 분단으로 끝났고, 그것도 벌써 지난 세기가 되었다. 전쟁 중 군인도 아니면서 군복을 입고 대구와 서울을 오가며 종횡무진으로 활약하던 나는 일흔여덟 살의 노인이 되어 하염없이 옛날 생각을 하고 있다.

❖

9월 25일. 인천상륙작전으로 육군본부 일부와 피난 갔던 사람들이 하나둘씩 서울로 올라오고 있었으나 중공군의 갑작스러운 인해전술로 50만 대군이 내려오기 시작하니 아군은 또 남쪽으로 부산으로 밀려 내려갔다. 1951년 1월 4일, 즉, 1·4후퇴다. 이번에는 연예인도 대다수 피난을 갔다. 그리하여 서울은 또다시 비어 있게 되고 서울, 인천, 대전 등 도시들은 파괴되어 비참하기 그지없었다. 부산으로 피난 간 영화인들 중 여배우들은 다방 마담으로 취직을 하기도 하고, 부산은 마치 임시 예술인촌 같은 상황이었다. 녹원다방, 산유화다방…… 할 일 없는 사람들이 매일 다방에 모여 피난살이 슬픔을 달래기도 하고……

  나도 자주 들르곤 했는데 천재 화가 이중섭, 정비석, 김광수, 그리고 독일에서 생을 마친 작곡가 윤이상 등을 볼 수 있었다. 옆자리에서 가까이 본 이중섭은 젊고 잘생긴, 인상이 좋은 사람이었다. 후일 어느 책에서 읽었는데, 그는 제주도에서 피난 생활로 지독한 고생을 했다고 한다. 나의 친구이자 후일 〈미망인〉의 신역을 맡게 되는 여배우 이민자는 그때 누군가의 도움으로 다방을 경영하고 있었다. 그 다방에 가보면 꽃밭 같은 느낌이었다. 최지애, 최은희, 조미령, 유계선, 김신재, 윤인자, 한은진, 〈밤의 태양〉의 R 양, 일본 미국 방송의 아나운서로 가기 전의 김복자 등등 미모와 젊음을 자랑하는 '여류'들을 볼 수 있었다. 보수동 국제시장 한복판에서 웅크리고 앉아 팥죽을 사 먹고 있는 여배우들의 모습도 보였는데, 아무도 눈길을 돌리지 않는다. 평화 시의 서울이었다면 사람들은 호기심으로 곁눈질을 할 것이고 팬들은 선망의 눈길로 보겠지만 모두들 살기가 바빠 자기 눈앞만 보고 살던 시기였다.

  피난 시절의 부산 국제시장. 흥남부두에서 구사일생으로 미군 군함을 얻어 타고 내려온 이북 피난민들은 아예 국제시장에 자리를 잡고 열심히 장사를 하면서 제2의 고향으로 정착하였다. 피난 와 있던 연극·영화 배우들은 행사도 없고 공연도 없으니 매일 무료했다. 하루는 이민자, 윤일봉 등이 마산 쪽의 공연에 가자고 하길래 따라나섰다. 그 공연의 연기자 팀 중 최무룡, 강효실이 동료들의 눈을 피해 연애 중이었으니 참 옛날이야기다. 마산 근처 상남에는 미군 현상소가 있었다. 보수동의 우리 현상소처럼 이곳에서도 뉴스를 현상했다. 편집인인 내 친구 김영희도 그곳에서 일했다. 이렇듯 부산은 영화 연극인들의 집합소가 되었다.

그 무렵 나는 그의 촬영장에 거의 매일 구경을 갔다. 촬영이 끝나고 저녁이 되면 모두 모여서 소주를 마시면서 피난 도시인 부산에서 영화를 만들 궁리를 했다. 이때 전 감독과 신상옥 감독은 그들이 전에 만들던 16mm 영화를 손질하고 보충 촬영도 하며 부산에서의 무료한 나날을 보내고 있었다.

❖

1951년 3월. 맥아더 장군은 14회 일선 시찰을 하고 15회째 시찰을 나가려고 하던 참이었다. 미국의 트루먼 대통령은 '명예로운 전쟁 종결'을 원했고, 맥아더 장군은 '완전한 승리를 위한 전쟁'을 하고 싶었다. 이러한 의견 차이로 결국 트루먼에 의해 장군은 "노병은 죽지 않고 다만 사라질 뿐이다"라는 명언을 남기며 1952년 군 생활에 종지부를 찍게 된다.

인천상륙작전은 5000 대 1의 도박인 동시에 세계 전사에 빛나는 명작전이라고 한다. 10월이면 추수기이니 적이 식량을 입수할 기회를 가지지 못하게 하려면 8월이나 9월에 작전 착수가 되어야 한다. 워싱턴에는 트루먼 대통령을 위시해 각 군수 내무, 특히 해군이 이에 극구 반대하였다. 인천은 부산과 거리가 너무 먼 관계로 군산 상륙을 하자는 제안이 나오고 맥아더 원수는 군산 상륙은 하나 마나라는 입장이었다. 인천과 부산이 거리가 멀지만 적의 허점을 찔러 보급을 중단해야 한다는 주장이었다. 북한군은 아직 부산까지 쳐내려오지는 않았고 일본에서 오는 군 물자 식량이나 한국전에 투입되는 군인들은 일단 모두 부산으로 집결하는 상황이었다. 전략적, 전술적, 정치적, 심리적인 면에서 볼 때 인천상륙작전만큼 훌륭한 작전은 그 이전이나 이후에 없었다고 한다. 적이 대구, 진주, 마산, 부산 등 남쪽으로 쳐내려가기 바쁠 때에 허술하게 남아 있는 인천에 상륙하여 서울을 탈환하면 남에 내려가 있는 적은 독 안에 든 쥐가 되는 것이다. 전 세계는 한반도를 주시하고 있었고 맥아더 원수는 급했다. 그는 누가 반대하든 눈 하나 까딱 않고 인천항의 항만 차의 시기를 저울질하고 있었다.

몇 십 년 전, 나는 로스앤젤레스 센추리 시에 있는 극장에서 〈오! 인천〉이라는 영화를 보았다. 문선명의 통일교에서 만든 인천상륙작전에 대한 그 영화는 방대한 제작비에 이름난 감독^{테렌스 영} 그리고 일류의 연기진에도 불구하고 첫날 15명, 둘째 날 18명, 그리고 셋째 날에는 25명의 관객이 모두였다. 세월이 흘러 세인들은 한국전쟁 같은 것은 잊고 살고 있는가? 나는 3일 계속 가보았다. '마운트매킨리'호 함교 선상에서 망원경으로 상륙작전을 지켜보던 맥아더 원수의 모습이 지금도 아련하게 인상에 남아 있다.

❖

박남옥

그간 전국은 뚜렷한 진전도 없이 전진했다. 밀려 내려왔다 하는 양상이었고 6·25 발발 이후 처음 1년여는 치열한 전투를 하고 2년 남짓한 기간 동안 협정에 도입한 것 같다. 김일성은 무슨 '조국 통일'을 한답시고 쳐내려와서 온 국민을 고생시키고, 엎친 데 덮친 격으로 남쪽에서는 '거창사건국군이 거창 양민을 학살한 사건' '국민방위군사건국군 간부의 부패로 수만의 방위군이 아사, 동사한 사건'이라는 것이 터졌다. 군대가 부정을 해서 많은 방위 대원들이 입지도 먹지도 못하는 혹독한 대우를 받고 죽어갔다. 마침 서울에서 늦게 빠져나온 영화인 몇 명이 이 사건에 말려들어 간신히 죽지는 않고 부산까지 도망 나와 보수동 현상소로 찾아왔다. 그 몰골은 거지라기보다는 죽기 직전의 사람 같은 모습이었다.

1952년, 아니면 1953년이었다고 기억한다. 이승만 박사는 미국의 승낙 없이 반공 포로를 석방한다. 그날 공교롭게도 나는 동래 어느 시골의 한 집을 찾아가는 길이었다. 공장 지대 같았는데, 비 온 뒤의 땅은 철퍽철퍽, 신발은 푹푹 빠져가며 가로등도 없는 캄캄한 밤길을 가고 있었다. 약도에 그려진 골목을 들어가려는 순간 "와! 와!" 갑자기 수천 명의 사람들 함성이 들려왔다. 놀라서 몸을 숨겼다. 점점 크게 들려오는 그 함성은 어느 쪽에서 오는 소리인지 전혀 알 수가 없었다.

'무슨 일일까! 인민군이 쳐내려왔나?'

그러나 그때는 마지막 보루였던 낙동강의 격전에서 인민군이 흘린 피가 낙동강을 빨갛게 물들인 후였고 적은 완전히 전멸, 후퇴하여 지리산 산속에 몇 명 숨어 있을까 하던 때였다. 동래 그

지점은 거제도에서 배를 타고 내리는 곳이었다. 이승만 대통령의 독단으로 석방된 반공 포로 수만 명이 동래의 그 밤길에서 기쁜 함성을 지르면서 올라오는 길이었다. 놀란 나는 어두운 골목길을 단숨에 뛰어 약도에 그려져 있던 대나무 숲에 도달했다. 숨이 차서 그곳에 한참 주저앉아 있었다. 바람이 심하게 불어대 대나무 잎이 삭삭거리는 소리와 귓전에 아직도 맴도는 듯한 그 함성으로 머리가 혼란했다.

내가 야밤에 모르는 길을 찾아 나선 까닭은 전쟁이나 포로들과는 아무 상관이 없는 일이었다. 김신재가 갑자기 녹원다방에서 보이지 않기에 나는 상심하여 많이 찾아다녔다.

'다방 일로 과로해서 병원에라도 갔나?'

내가 걱정하고 다니는 것을 알고 최성희라는 동료 마담이 김신재에게 연락하여 나에게 찾아오라는 약도를 전해준 것. 최성희는 연극배우였다. 나이는 김신재보다 많았다. 그녀의 여동생은 〈병정님〉이라는 일본 합작영화에 주인공으로 나왔던 영화배우이기도 했다. 한번은 웬 초라하고 기운이 없는 50대의 남자가 7, 8세 되는 딸의 손을 잡고 부산극장 옆의 내 하숙집으로 찾아온 적이 있었다.

"최성희가 이 애 엄마인데 어디 있는지 아는가?" 하고 묻기에 녹원다방을 가르쳐준 적이 있었다. 두 사람이 별거 상태인 것을 알 리가 없었던 나는 본의 아니게 최성희에게 미안하게 되었다.

부산 피난 시절은 그러했다. 여자들은 일을 해서 돈을 버니까 화려한 나날을 보내고 남자들은 아이나 돌보며 맥을 못 추는 그런 때였다. 나중에 알게 되었는데, 그 남자는 우리나라 연극계의 유명한 선구자였다. 우리나라에 연극이 자리 잡던 초기에 일본에서 공부하고 돌아와 극단을 조직하고 연출을 하였으며 황철, 심영 시대의 연극계의 일인자였다. 확실치 않으나 이름은 박성호였다고 기억된다. 초라한 모습으로 최성희를 찾아왔던 그 사람의 모습이 지금도 눈에 선하다. 최성희도 박 선생님도 지금은 돌아가셨겠지.

어찌 되었든, 최성희에게 얻은 약도로 찾아간 신재 씨의 집은 시골의 조용한 거처였다. 온돌방이 퍽 따뜻하고 아늑했다.

"왜 찾아다녔어?" 김신재가 물었다.

"신재 씨가 다방에 안 보여서 걱정이 되어서……"

우리는 여러 가지 이야기를 나누었다. 찾아가느라 꽤 고생을 한 나는 따뜻한 온돌방에서 잠이 들 만도 한데 도대체 잠을 잘 수가 없었다. 멀어진 반공 포로들의 함성 소리가 자꾸 귓전에 들리는 듯했고 대나무 잎이 바람에 스치는 소리가 밤새 잠을 깨웠다.

'왜 전쟁이 났나? 무엇 때문에 전쟁이 나야 했으며 얼마나 피해만 심한가! 이 전쟁에 대한 세계의 반응은 어떠하고 도대체 누가 덕을 보았나?' 부산, 서울, 대구를 몇 번이나 왔다 갔다 하며 생각해보았지만 내 머리로 해결하지 못하는 이런 문제들을 생각하느라 그날 밤 한숨도 못 잤다. 벌써 51년 전 이야기인데 그날 밤 일이 바로 어제 그저께 일어난 일같이 뚜렷이 떠오른다. 늙어서 시간 감각이 무뎌지는 것일까.

중년의 김신재.

밤새 안 자고 연구한 끝의 결론은 명쾌하게도 '정치는 거짓말이고 정치인도 거짓말쟁이'라는 것! 1950년 1월 5일 미국의 트루먼 대통령이 우리나라 방위선을 "알류샨열도, 일본, 오키나와, 필리핀으로 연결한다"라고 했다. 일본은 환희와 기대를 걸었고 우리나라는 실망과 비판의 소리가 높아졌다고 한다. 김일성은 그 말을 믿었는지 1950년 초에 "1950년은 한국 통일의 해"라고 했다. 1950년 6월 초에 총선거가 있었고, 이승만 대통령의 인기는 시들했다. 1950년 6월 1일, 트루먼은 "지금부터 5년간은 절대 전쟁의 위험은 없다. 세계는 과거 어느 때보다 평화로울 것이다"라고 장담했다. 그로부터 24일 후, 평화는커녕, 한반도는 전쟁에 휩싸인다. 북한은 6월 25일 며칠 전부터 객차, 군인, 병기를 싣고 38선 이남, 철원, 월성, 개성, 연천 가릴 것 없이 쳐내려올 만반의 준비를 갖추고 있었다. 군비는 북한의 3분의 1도 되지 못하던 우리 상황에 그날은 일요일이었고 장교 구락부 건물 파티다, 외출이다, 농한기 특별 휴가다 하며 정신이 완전히 나가 있는 상태였다. 6월 25일 새벽 4시. 폭풍이라는 암호로 남쪽으로 쳐내려온 북한은 남한이 38선을 먼저 쳐 올라갔다고 우기니 그런 거짓말을 세 살 먹은 아이라도 곧이 듣겠는가! 갑작스러운 남침에 미국은 놀라고 이승만 대통령의 고집에 밀려 연합군 14개국을 편성하여 선전포고도 없이 시작된 것이 한국전쟁이다. 전쟁은 1년여 치열하게 전개되었다. 아프리카 대륙도 아니고 중남미 대륙도 아닌 손바닥만 한 땅덩어리에서, 그것도 가도 가도 산뿐인 이 나라에서 같은 민족끼리 남북으로 밀려 올라갔다 밀려 내려왔다 하며 사람 죽고 국토 파괴되고 하는 것이 김일성의 '조국 통일'인가! 민주주의 자유 속에 살던 우리나라가 하루아침에 공산당이 되어 적화통일이 될 수는 없는 것이다. 스탈린이 죽고 미군, 중공군, 국군, 인민군 할 것 없이 사기가 떨어져 1950년 6월 25일부터 3년 1개월 2일 18시간 만에 포성은 멎었다. 이 한국전쟁에서 이득을 본 것은 누군가! 우리나라가 완전히 폐허가 되어버리는 대신, 전쟁에 참여하지도 않은 일본은 번영의 단서를 잡았다. 국가로서의 진로가 결정되었다. 조국통일은 거짓말이고 일본에게 살길만 마련해준 이 전쟁은 헛된 짓이었고 정치는 말짱 거짓말이었다.

시골집에서 정양靜養 몸과 마음을 안정해 휴양함을 끝마친 김신재로부터 저녁을 사겠다는 연락이 왔다. 약속 장소는 보수동과 남포동 중간 지점 근처였다고 기억되는데, 신 카나리아가 마담으로 일하고 있던 경양식 집이었다. 큰 건물 아래층에 위치한 식당은 꽤 넓었고 찬란한 불빛에 분위기가 좋은 장소였다. 옛날 여학교 때 사진으로 보았던 〈수선화〉의 가련한 김신재의 모습은 어디로 갔나. 9·28, 서울에 올라가 돈암동 집으로 찾아갔을 때 김신재는 안색이 좋지 않았고 많이 야위어 있었는데, 그 모습은 찾아볼 길이 없었다. 불빛 아래 앉아 있는 김신재의 모습은 마치 활짝 핀 해바라기처럼 풍만하며 아름다운 얼굴이었다. 동란의 상처, 어린 두 아들을 한꺼번에 잃은 슬픔, 납치되어 북으로 끌려 간 최인규 감독과의 이별. 그러한 슬픔을 겪고 나면 여자는 이렇게 아름다워질 수 있는가. 그때 내가 29세, 김신재는 34, 35세 때였다.

❖

    1953년. 휴전설이 나돌고 포로 교환 문제로 매일 신문 지면이 채워졌다. 피난 내려온 이북 사람들의 대다수는 부산에서 생활 터전을 잡은 것 같았다. 연예인들도 한 사람 두 사람 서울로 올라갔다. 나는 1953년 5월에 대구에서 극작가(이보라)와 결혼을 했다. 오랜 기간 대구와 서울, 부산 등 종횡무진으로 휘젓고 다니며 결혼할 기미가 전혀 없어 부모에게 심려를 끼쳤는데 드디어 효도하게 되어 의미가 깊었다. 서울에서는 전창근 감독이 내려오고 대구에 있는 친구들이 많이 참석하여 늦게라도 시집가는 나를 축복해주었다. 결혼식을 하고 사나흘 후 이불 등을 준비하여 밤차 편으로 부산으로 내려갔다. 부산역에 내리니 장마철의 전초전이라도 하는지 장대비가 쏟아져 내려 앞을 볼 수가 없을 정도였다. 한참을 기다려도 아무도 마중 나오지 않아 우리는 하는 수 없이 부산 역 근처 여관에 들어갔다. 비는 그 이튿날도 무섭게 퍼부어대었다. 결혼 초부터 무슨 어두운 일일까. 그때 3, 4년 남짓 이어진 결혼 생활의 고충을 예감한 듯하였다. 경제적으로 어려웠으나 남편 되는 사람은 별반 대책이 없는 듯하였다. 결국 내가 움직여야 할 상황인 듯하였다. 어린이 그림책을 만들어보겠다는 결심을 하게 되어 착수했고 김영주 화백의 예쁜 그림과 함께 제법 아담한 그림동화책이 만들어졌다. 1953년 겨울이 왔다. 피난 시절 부산 제본소의 턱없는 기술 부족으로 인해 책은 엉망으로 나왔다. 추운 겨울 여관방에서 다시 못을 빼고 호치키

1953년 결혼사진.

스를 끼고 하느라 손가락은 피투성이가 되고 말았다. 이런 식의 아이들 그림책이란 꼭 필요한 물품인데 『어깨동무』라고 이름 붙인 그 책은 많이 팔리지는 않았다. 살기 좋아진 지금도 부모들이 아이들을 위해 참고서 이외의 책을 사준다는 개념이 없는 나라에서 전쟁 통의 피난지 부산에서 예쁜 그림동화책이 팔릴 리가 없었다. 잘못 생각해서 시작한 첫 일은 이렇게 수포로 끝났다. 임신 중이었던 나는 만삭이 되어가는 몸으로 서울로 올라갔고 거기서도 고생은 이어졌다. 부모형제들은 대구에 살고 있었기 때문에 의지할 곳도 없었다.

영화계

1 9 5 4 ~ 1 9 5 7

1954년 6월. 나는 딸을 순산하고 3일 후 영화를 보러 갔다. 명동 국도극장이었을까, 지금의 코스모스백화점 앞^{현재 명동 중국대사관}^{뒤편}이었는데, 윤봉춘 감독의 〈아리랑〉^{저자의 착오인 듯. 윤봉춘 감독이 1954}^{년 발표한 영화는 〈고향의 노래〉다}이었다.

아이를 맡길 곳도 없었을 텐데 아이는 누구에게 맡겼는지 기억이 없다. 택시도 없던 시절에 무엇을 타고 갔었는지 아니면 걸어서 갔었는지도 기억이 없다. 기억이 나는 것은 영화를 보고 왔어도 기운이 멀쩡하여 자리에 눕지도 않았다는 것. 그런 것을 보면 나는 타고난 건강체인 것 같다.

종로구 관훈동 184번지. 200평 공지^{空地}에 하꼬방^{판잣집}을 지었다. 세트 겸으로 지은 이 집은 그 후 이모저모로 매우 유용하였다. 땅 주인은 시골에서 병원을 하는 이 모 씨였는데 참 온순한 사람이었다.

6월 15일. 부산에서 자주 소주 파티를 벌이던 전창근 감독, 미스터 정, 그리고 두세 명이 나를 찾아왔다. 일당은 오랜만에 반가운 술자리를 마련했다. 이 자리에서 영화를 만들자는 얘기가 나왔다. 16mm라도 좋으니 같이 만들자는 데에 의견이 투합된 우리들은 방금 전쟁을 치렀으니 '전쟁 미망인'에 대한 이야기를 해보자고 결정했다. 그때 아직 상경하지 못한 영화인들은 부산에 남아 있었고, 상경한 영화인도 영화제작 같은 것은 아직 생각할 단계가 아니었다. 서울은 폐허가 된 채 복구되지 않은 상태였고 영화 기재는 구하기도 힘든 때였다. 그러나 우리들은 그다음 날부터 작업에 들어갔다.

전 감독과 이보라극작가 남편는 미망인을 소재로 시나리오 작업에 들어가고, 그다음 날은 촬영기사를 만났다. 16mm 촬영기 신형을 들고 나타난 촬영기사는 일본에서 온 젊은 친구였는데 우리말이 약간 서툴렀다. 6월 말. 아직 장마철이 시작되지 않았다. 김신재를 미망인으로 정하고 선전용 스틸도 찍었으나 김신재가 건강 문제로 그만두게 되자 연기력이 뛰어난 이민자로 교체되었다. 남자 주인공은 배우 석금성의 아들인 이택균으로, 그의 첫 애인 역은 나애심, 아역에는 이성주이보라의 딸, 그리고 노강 등 배역이 대충 정해졌다. 이날 중국 음식을 시키고 모인 스태프들만의 점심 회식 자리를 마련했다. 돈도 생겼다. 영화를 만들고 싶다고 부탁한 적도 없는데 둘째 언니가 "그럼 영화를 만들어보라마" 하며 그 당시 돈으로 380만 원을 선뜻 건네주었던 것이다. 이 둘째 언니의 남편은 동아출판사를 창립한 김상문 사장인데, 후일 영화계를 떠난 나는 이 형부에게 출판사 직영의 제본소를 하고 싶다고 말했다가 "제본소 안에는 먼지가 많이 생기니 건강을 해친다"라는 대답만 듣는다. 어찌 되었든 언니한테서 뜻밖의 거금을 손에 쥔 나는 일사천리로 영화 작업을 진행해 나갔다. 이때가 1954년, 해방하고 9년 후, 6·25전쟁이 끝난 지 1년 후, 16mm든 무엇이든 맨손으로 영화를 만든다는 생각을 하기에는 힘든 때였다. 이력저력 6월 말. 작가 이보라가 쓴 시나리오를 인쇄해서 한 부씩 나누어 가지고 집 근처에서부터 촬영을 시작했다. 아역이 대문을 나서고 동네를 걸어가는 장면. 세트장 옆방에 기거하는 노강 영감의 숙취 장면. 그리고 골목 안에 대저택이 있었는데 그

박남옥

배우 이민자.

집 마당의 화초가 너무 좋아서 남자 주인공 '택'과 '진'(나애심 분)의 데이트 장면을 찍었다. 그 저택의 주인은 크라운맥주의 사장이라고 했다.

점심때가 다가오면 나는 걱정이 태산이었다. 약 15명 정도의 인원이었는데 매일 중국 음식을 시켜 먹을 수도 없고 점심 식사 해결이 그야말로 안건이 되었다. 얼마 안 가 나는 밥하는 일로 기운을 많이 빼앗기기 시작했다. 아침 일찍, 갓 태어난 아이를 등에 업고 가까운 낙원시장으로 장을 보러 간다. 장마철이라 전날 밤에 비가 온 날은 시장 가는 골목이 무척 미끄러웠다. 그 골목길도 지금은 도로 포장이 잘 되어 있겠지…… 아침 시장에서 무, 시금치, 생선, 된장 등 몇 가지 사들고 오면 아침부터 기운이 다 빠진다. 요리라고는 해보지도 않은 내가 뚝딱 속성으로 만들어 낸 음식을 점심 식사라고 스태프들이 맛있게 먹어줄 때는 정말 고마웠다. 하루는 시간을 내어 〈옥단춘〉을 감독한 K 감독^{권영}을 집 근처 다방에서 만났다. 시나리오에서 3분의 1 정도 콘티 짠 것을 보여주고 그의 의견을 들었다. 이것저것 지적해주면서 고치기도 하였다.

"지금 영화제작이란 아무도 꿈도 못 꾸는데 용감하다. 영화도 중하지만 아이와 박 감독의 건강도 걱정이니 조심하고, 건투를 빈다."

격려해줘 고맙기는 했지만 건방지게도 나는 속으로 건강은 문제없다고 생각하고 있었다. 이런 것을 바로 하룻강아지 범 무서운 줄 모른다고 하는 것 같다.

박남옥

날이 갈수록 고생은 점점 심해져갔다. 집 근처 촬영 장면 중 이민자가 양장점 가게에서 나와 공중전화를 거는 장면을 찍을 때 이야기다. 공중전화 뒤편으로 길거리를 지나가는 자동차가 더블로 잡혀줘야 하는데 쉽게 잡히지가 않았다. 지나가는 자동차를 우리가 모는 것이 아니니 마음대로 되어주지 않는 것이다. 두세 대가 정차해 있는 그림이 되기도 하고, 한 대가 그림이 되게 지나간다 했더니 찍으려니까 쓱 지나가버린다. 요즈음 영화의 자동차 장면들을 보노라면 현기증이 날 정도다. 질주하고 경주하고 스릴 있게 비껴가고 관객을 조마조마하게 한참 몰아간 후 결국 정면충돌! 이런 식이다. 촬영 기술은 말할 것도 없지만 영화제작의 규모나 시스템도 너무나 변하였다. 예의 양장점 공중전화 장면만 생각하면 옛날 일본 잡지에서 읽은 기사가 떠오른다. 〈신영화〉라는 잡지였던 것 같다. 1936년의 베를린올림픽 이야기다. 히틀러는 기록영화 〈민족의 제전〉의 제작을 위하여 방대한 지출을 하였다. 영화 전면에 깔리는 반주 음악을 위해서는 독일의 일류 음악인들을 특별히 뽑아 교향악단을 조직하였다 한다. 100미터 단거리 경기 촬영은 10미터 되는 지점에 촬영기 한 대, 20미터 되는 지점에 또 한 대, 이런 식으로 열 대의 촬영기로 100미터를 찍어 그 당시 신 촬영 기술이라 하며 대서특필하였다. 지금 기술에 비한다면 하나도 놀랄 일이 아니지만, 그때는 66년 전이었다. 이렇게 만들어진 기록영화 〈민족의 제전〉은 극영화 못지않은 걸작이었다. 히틀러를 위시해 금메달리스트인 오언스, 일본의 장대높이뛰기 선수, 관중들 모두가 명배우였다. 오늘까지 나는 〈민족의 제전〉 이상 가는 기록영화를 본 적이 없다.

7월이 다 지나갈 무렵, 화창한 날씨가 계속되었다. 부산 바닷가로 촬영 가기 전, 일단 서울 뚝섬 강물에서 해변가 신을 촬영하자고 의논이 되었다. 이민자, 나애심, 유계선, 사장 부인 역의 여배우^{박영숙}, 이택균, 아역 이성주, 전창근 감독, 진행, 촬영 세 명, 모두 열예닐곱 명의 일행이었다. 우리는 나룻배를 타고 강을 건너 언덕 위에 여장을 풀었다. 아래를 내려다보니 소풍 온 기분이었다. 날씨도 좋고 주변 환경도 좋고 구경하는 사람들이 없어 더욱 좋았다. 몇 컷을 찍고 쉬고, 조금 더 찍고 또 쉬고 이렇게 했는데 그렇게 즐거울 수가 없었다. 하지만 나는 그 햇빛에 눈도 시리고 영 기운이 없었다. 6월에 해산한 후 조리도 못한 상태에서 한 달 이상 아침부터 낙원시장에서 찬거리 마련, 대식구의 점심 식사를 걱정하느라 지쳐 있었다. 그나마 3일에 한 번꼴은 중국 음식을 시켜 점심 해결을 보았는데, 돈은 들었지만 나는 숨을 돌릴 수 있었다. 그런 날은 내가 만든 음식을 매일 먹어줘야 했던 우리 일행에게도 혹시 숨돌리는 날이 아니었을까? 그때까지 미친 사람처럼 일을 해대었던 나는 뚝섬의 햇살 아래서 축 늘어져, 앉았다 일어서려면 현기증이 났다. 즐겁게 촬영을 마치고 뚝섬 언덕 너머 유명한 절이 있다고 해서 모두 걸어서 절 구경을 갔다. 며칠 후에 부산 촬영을 떠나기로 약속하고 어두워져서야 헤어졌다. 업고 다니던 아이도 별 탈 없고 진행비도 아직 넉넉히 있었으므로 별걱정은 없었지만 뭔가 내 건강이 걱정되었다.

박남옥

❖

　 며칠 후 우리는 계획대로 부산 촬영을 떠났다. 국제시장 근처
에 여관을 하나 잡아 전원이 여장을 풀었다. 이민자는 미아동인
가 하는 동네 꼭대기에 자신의 어린 아들이 있는 집으로 가고,
촬영 조수와 부산이 처음인 사람들은 촬영지 헌팅 겸 시내 구경
을 하러 아침부터 모두 나갔다. 도착 3일 후 촬영을 나갈 준비를
하는데 갑자기 비가 오기 시작했다. 그래서 하루 공치고 다음다
음 날이 되어서야 부산 촬영을 시작할 수 있었다. 부산에서 제일
사람이 많이 모이는 장소, 국제시장이었다. 사람이 많아도 구경
인파 때문에 일에 지장이 있을 정도는 아니었다. 피난 와서 모두
자기 살기 바쁠 때였기 때문이다. 그래도 지나가는 사람이나 차
나 구루마나 촬영에 지장이 있는 구석들을 정리해가면서 나는
이리저리 바빴다. 그런가 하면 한형모 감독의 〈운명의 손〉의 조
명 기사였던 고해진〈운명의 손〉 조명은 이한찬이 담당했다이 아직 내려오지
않아서 나는 '레후촬영용 반사판 리플렉터의 일본 말'를 들고 끝날 때까지
서 있어야 했다. 며칠 후 드디어 조명 기사가 내려와서 우리는 본
격적으로 작업을 하는가 했더니 또 제동이 걸렸다. 날씨도 흐린
어느 날, 하루만 빌려주기로 하고 내어준 촬영기가 진주로 가더
니 사흘이 지나도 돌아오지 않았다. 진주에서는 매년 설창수 씨
가 중심이 되어 '영남예술제'라는 행사를 열었는데 피난 내려온
유명 문인들이 많이 참석했다. 진주는 전쟁 중에도 크게 파괴되
지 않았다. 그건 그렇다 하지만 촬영기를 기다리는 나는 피가 마

르는 듯하였다. 급기야는 누군가 진주까지 촬영기를 가지러 가야 할 상황이 되어가는데, 애초에 빌려주었던 미스터 정이나 촬영 조수가 가면 예술제다, 진주 시내 구경이다 하며 최소한 3, 4일은 걸려야 돌아올 것 같았다. 그렇게 되면 촬영에 막대한 지장이 있다고 판단한 나는 내가 하루 만에 갔다 오겠다고 우겼다. 진주에는 가본 적도 없어 거리가 얼마나 되는지도 모르면서 마음이 급한 나는 그렇게 간단하게 생각했다. 백일이 조금 지난 내 딸을 들쳐 업은 채 아침 일찍 버스를 타고 떠나 정오경 진주에 도착한 것 같다. 진주는 온 시내가 인파로 흥청망청 잔치 분위기였다. 설창수 씨를 찾아가 하루 만에 돌려준다던 촬영기를 그때까지도 안 가져다주어 20명 가까운 우리 스태프는 기계 때문에 놀고 있다며 싫은 소리를 했다. 그는 몇 번이나 미안하다고 사과를 하며, 여기저기 찍고 있던 촬영기를 냉큼 돌려주었다. 그러면서 먼데서 오느라고 고생했다면서 연회석같이 차려놓은 상 앞으로 나를 데려갔다. 속이 안 좋아 못 먹겠다고 하니 모윤숙, 최정희, 노천명 씨 등의 유명 인사들을 나에게 소개시켜주었다. 그때 그 자리에서가 아니었다면 나로서는 영 인사도 못해볼 일류 문인들이었다. 그들은 피난지인 부산에서 '낙랑 클럽'이라며 외교와 예술 활동을 하고 있었다. 나는 식혜 한 모금 마시고 진주역으로 나갔다. 그길로 버스를 탔다면 내 원래 계획대로 하루 만에 부산으로 돌아갈 수 있었겠지만, 기차를 탄 것이 화근이었다. 남강의 흐르는 강물을 보며 역에 당도하니 사람들이 줄을 지어 기차에 오를 차비를 하고 있는 판이었다. 큰 짐을 들고 기차 안에서 나오

〈미망인〉 촬영 장면.

는 사람, 머리에 큰 짐을 이고 좁은 기차 입구를 애써 오르는 사람, 이런 판국이니 기다리는 줄은 조금도 움직이지를 않았다. 가까스로 기차 칸 안에 들어가니 통로는 꽉 막혀 걸어 통과할 수가 없고 좌석과 좌석 사이에 억지로 끼어 설 수 있는 공간밖에 없었다. 그나마 좌석이라고 원래 세 사람씩 앉게 되어 있는 것은 4, 5명이 포개져 앉아 있는 형국이었다. 다리 놓을 틈도 없이 좁은 데 꼼짝 못하고 끼어 선 나는 옆 사람이 움직이면 나도 밀려 움직이며 기가 막혀 하고 있었다. 내가 집어탄 이 기차는 진주-마산 간 완행열차였다. 전쟁 후 살기 어려워 식량 구하는 사람, 돈 벌러 나선 장사꾼들, 무슨 짐들을 그렇게 들고 서 있는지 한 번씩 기차가 정지하면, 이 짐 든 사람들이 내리고 오르는데 3, 40분씩 걸렸다. 그나마 그럴 때에는 자리나 좀 생기나 하고 요행을 바랐지만, 무슨 영문인지 서 있는 내 다리는 갈수록 불안정해서 견딜 수가 없었다. 촬영기와 아이 기저귀 보따리를 든 손이 저려 오기 시작했다. 움직일 공간이 없으니 아이가 자는지 깨어 있는지 볼 수가 없었다. '버스를 탈 것을……' 하고 후회해봤자 도움이 안 된다. 진주를 떠나 반쯤 왔을까 할 때, 등 뒤의 아이가 갑자기 울기 시작했다. 기차 안의 공기도 나쁜 데다 9월 초임에도 숨이 막히게 더운 날씨하며 아이에게는 충분히 울 만한 상황이었다. 평상시에는 너무 안 우는 아이라 신기할 정도였는데 그 아이가 지금 울어대고 있는 것이었다. 나는 몸과 마음이 급해서 미칠 지경이었다. 등의 아이를 좀 두드려서 울음을 그치게 해보려고 해도 손을 움직일 수가 있어야 가능할 일이었다. 아이는 몹시

박남옥

울기 시작했다. 주위에는 주로 남자 승객들이었는데 고함 소리가
터져 나오기 시작했다.

"시끄러워! 뭐 하고 있어!"

창밖으로 아이를 던지고 싶었다. 영화가 뭐길래, 눈물이 왈칵
쏟아졌다. 내 팔다리가 무감각해지고 온 힘이 쑥 빠져 가물가물
정신이 나가려고 할 때 그렇게 울어대던 아이도 울음을 멈추었
다. 엄마인 내가 이 지경이니 아이도 배도 고프고 울 만도 했다.
지금 부산에서 미스터 정과 젊은 촬영 조수, 스태프진은 촬영기
가 없는데 무엇을 하고 있을까. 그들 대신 내가 하루 만에 훌쩍
갔다 오겠다던 생각이 너무 경솔했음을 확실하게 깨달았다. 진
주-마산 간 완행열차 속에서의 그 고통을 나는 지금까지 잊지
못하고 있다.

"100리를 가는 사람, 99리를 그 반으로 생각하라"라던 격언이
떠올랐다. 하물며 내 성격상 99리의 반도 못 와서 절대 좌절할
수 없다는 각오로 이를 악 물었다. 마산이 가까워지니 정차할
때마다 이제는 팔도 제법 조금씩 움직일 수 있게 되었다. 낮 12
시가 지나서 진주를 떠났는데 마산역에 도착하니 많이 어두워
져 있었다. 버스 정류장이 어디에 있는지 누구에게 물어볼 기력
도 없고 역 바로 앞에 여관 간판이 보이기에 엉금엉금 기어가다
시피 하여 여관으로 들어갔다. 아이를 등에서 내리니 힘없이 축
늘어졌다. 지금같이 우유를 실컷 마실 수 있는 시대가 아니었다.
가지고 온 미숫가루를 물에 태워 아이를 먹이고 나도 마셨다. 밥
상도 나왔으나 나는 국물만 마시고 말았다.

"부산 가는 버스 정류장은 여기서 멀고, 진해 가는 배는 바로 저기 보이지요?"

촬영기가 하루 더 늦은들 무슨 대수인가, 내가 살고 봐야지. 나는 진해를 갔다가 버스를 타고 부산으로 가기로 했다. 아이 다리를 한참 동안 주물러주었다. 열차 속에서 나도 죽을 고생을 했지만, 등에 업힌 채 그렇게 오랫동안 울었으니 얼마나 답답했을까? 영화 때문에 희생되는 아이, 아이와 촬영기를 꼭 안고 죽은 듯이 잠이 들었다.

❖

아침 일찍 진해행 배에 올라 갑판에 기대어 앉아 있자니 아침 햇살이 반짝반짝, 눈이 잘 안 보일 지경이었다. 몸은 피곤했지만, 지옥 같았던 밤은 끝나고 아침이 와주었다. 그리고 앉기는커녕 간신히 끼어 서 있을 틈이라도 있었던 것을 감사해하며 꼼짝도 못하고 견뎌낸 전날 밤 완행열차에 비하면 미꾸라지가 용 된 격이었다. 갑판 좌석에서 아이를 등에서 내려 안고 한 손으로는 촬영기를 들고 앉아 있으니 땅속으로 꺼져 들어갈 것처럼 피로가 온몸을 엄습했다. 공기도 맑고 망망대해 툭 터진 바다 위에서 아이도 기분이 좋은지 예쁜 눈으로 상큼 웃으며 내 얼굴을 한참 응시했다.

마산에서 진해는 금방이었다. 배에서 내려 행인에게 물어보니 금방 찾을 수 있었다. 진해에서 한 집밖에 없는 자전거 가게. 그 집 주인 진배 아저씨와 나는 어떤 사이가 되나. 옛날 내가 세 살때 살던 도시 하양의 주막집 이야기를 앞에서 잠시 하였는데 하와이 사탕수수밭으로 사진결혼 갈 처녀를 구하러 오던 그 미국 할아버지가 자주 들르던 주막집이었다. 그 주막집 아주머니와 나의 외할아버지 사이에서 난 아들이 진배 아저씨였다. 외할아버지는 딸 셋밖에 없었으니 이 아들은 소중한 아들이었다.

"아이고, 와 이래 다 죽어가노? 우리 집에 가자."

가까운 곳에 살림집이 있었다. 처음 만나는 아저씨의 처가 뛰어나와 반갑게 인사를 했다. 내 몰골이 왜 그렇게 되었나 대충 내력을 이야기하니, "영화가 뭐 하는 기고? 사람이 살고 봐야제" 했다.

아주머니가 인삼차를 끓여 주었다. 그러더니 금방 닭 두 마리를 넣어 고운 닭탕을 가지고 왔다. 그토록 동작이 빠른 여자는 처음 보았다. 하루 자고 가라고 붙잡는 것을 뿌리치고 나는 또 길을 나섰다. 그러는 나를 아주머니는 부산 가는 버스 정류장까지 따라와서 도시락과 봉투에 넣은 용돈을 내 손에 쥐어주었다.

"서울서 만나재이. 조심해라!"

중학교 다니던 큰아들을 서울로 데려온 진배 아저씨. 서울에서 나는 그 아들을 출판사에 취직시켜서 오프셋인쇄 기술을 배우게 했다. 나가서 오프셋 관련 인쇄소를 잘 운영하던 큰아들 소식을 마지막으로 들은 것은 10년 전이었는데…… 이제 진배 아저씨는 세상을 떠났겠지. 건강하기는 했지만 술을 무척 좋아하던 아저씨였다. 그가 어릴 때 우리 대구 집으로 놀러 오면 우리 집 장남인 내 바로 밑 동생 영기와 둘이서 이 방 저 방 뛰어다니며 거칠게 놀아대었다. 엄마는 두 놈을 작은방에 가두어놓고 그 방에서만 놀으라고 문을 잠갔더니 그 방 안에서 얼마나 뛰어댔던지 그만 방구들이 꺼진 이야기는 그 당시 유명했다.

두 아이는 그렇게 건강체였다. 버스를 타고 가며 옛날 생각이 간절히 떠올랐다. 그리고 두 사람의 친절이 뼈에 사무치게 고마웠다.

진해에 살던 사람은 또 있었다. 〈자유만세〉의 황려희. 해군 관사의 아이들과 넓은 마당에 채소를 가꾸며 오손도손 행복하게 살던 곳. 그러나 내가 진해에 갔을 때 그녀는 벌써 서울로 올라간 후였다. 내가 부산에서 영화 한답시고 고생하고 다닐 때 가끔 놀러가서 즐거운 시간을 보내고 몸을 추슬렀던 추억을 떠올리며 부산에 도착하니 저녁 시각 전이었다.

❖

촬영기를 빌려주었던 미스터 정은 수척해진 내 모습을 보고 미안한 얼굴로 나를 쳐다보았다. 촬영 기재 때문에 며칠 공백이 있었지만, 그동안 여러 가지 준비를 해서 그런지 다음 날부터 열심히 작업에 들어갔다. 나 자신은 이틀 동안 여관방에서 꼼짝 못하고 쉬었다. 진주-마산 간 완행열차 안에서 예닐곱 시간의 고통은 살면서 겪은 여러 가지 고생 중 거의 최악에 가깝게 느껴졌다. 육체적인 고통이야 무어 대수일까마는 열악한 상황에서 영화를 만들겠다고 이리 뛰고 저리 뛰고 하면서 나도 모르게 많이 지쳤던 것 같다.

날씨가 계속 좋았다. 그러나 바닷가는 조금 쌀쌀해지고 있었고, 피서객이 점점 줄어들고 있었다. 나는 촬영 조수를 시켜 이민자가 아이들과 살고 있던 꼭대기 집에 이택균과 연기자 모두 집합하게 하였다. 그다음 날 가덕도로 촬영 가는 계획을 짰다. 촬영도 벌써 3분의 2는 훨씬 넘은 셈이다. 다음 날, 마침 날씨도 좋았고 우리는 아침 일찍 준비를 하고 전원 가덕도 가는 배를 탔다. 두 시간쯤 갔을까? 도착해보니 배에서 내리면 바로 바닷가가 보이는 곳은 아니고 소나무와 바위가 많은 언덕을 올라갔다 내려가야 끝도 없이 펼쳐 있는 망망대해가 보이는 곳이었다. 나는 진주-마산의 악몽에서 아직 완전히 회복되지 않은 상태라 조심조심 걸음을 옮기고 있었다. 소도구 하나와 기저귀 가방 하나 들고 움직이는데 몸의 균형이 안 맞았다. 급기야는 내리막길에서 미끄러져 넘어지면서 아래쪽 바위에 정강이를 심하게 부딪쳤다. 숨이 막힐 정도로 뼈가 아팠지만, 다른 이들이 눈치채지 못하게 벌떡 일어났다. 다리는 삽시간에 붓기 시작했지만 나는 일행의 뒤를 따라서 억지로 걸어갔다. 내려다보니 끝도 없이 펼쳐져 있는 잔잔한 해변가였고, 더욱이 피서객도 없어 조용한 촬영을 하기에 알맞은 분위기였다. 넘어진 다리가 쑤셔대어 못 견딜 지경이었지만 여러 장면을 찍을 수 있었다. 아역이 물에 빠져 택이 건져 올리는 장면, 아이 엄마가 고맙다고 인사하는 장면, 사장 부인과 택의 러브신의 촬영을 유감없이 잘 마치고 나니 저

〈미망인〉의 택.

녁 무렵이 되어가고 있었다. 일행을 둘러보니 사장 부인 역의 배우가 안 보였다. 물어보니 그 사람은 그날의 촬영을 위해 시간을 맞추어 비행기를 타고 그 섬에 왔다고 한다. 자기 몫을 다 연기하고 촬영이 다 끝나기 전 다른 사람들에게 방해되지 않게 조용히 먼저 떠나 자기 돈으로 비행기를 타고 서울로 올라갔다고 한다. 그녀는 초보 연기자는 아닌 얼굴이었는데 어떤 경로로 사장 부인의 역을 하게 되었는지 기억이 없다.

누구 소개로 배역을 받은 것인지 내가 서울에서 인사를 했던 사람이었는지 전혀 생각이 나지 않는다. 지금 어디엔가 살아 있다면 꼭 한번 만나서 그 옛날 고마웠다는 인사도 하고 고생스러웠지만 아름다웠던 우리 젊은 날의 회포도 풀어보고 싶은 사람이다. 촬영을 마친 우리 일행이 배를 타고 여관에 돌아왔을 때는 밤이 늦어 있었다. 그날은 모처럼 몇 사람 모여 소주를 마셨다. 술이 들어가니 정강이가 덜 아픈 듯했다.

❖

3개월이 가까워지자 촬영도 라스트신과 보충 촬영만이 조금 남아 있었다. 남은 촬영 기간 동안 혹시 여관비가 부족할까 봐 나는 대구로 돈을 마련하러 갔다. 아이를 업고 아침 일찍 길을 나서 대구로 가 돈을 얻어 저녁 무렵에 부산으로 돌아왔다. 엄마는 태어난 지 4, 5개월쯤 된 내 딸을 안고 많이 컸다며 좋아하면서도 눈물을 흘렸다.

라스트신을 찍을 때가 되어 이곳저곳 장소를 물색하고 있는데, 아역의 이성주가 국민학교에 입학하여야 한다고 아이 아버지 이보라가 독촉을 했다. 영화는 처음과 마지막 장면이 중요하다. 휘파람을 퍽 좋아하는 어느 일본인 감독이 만든, 자막이 나오며 첫 장면이 시작될 때까지 휘파람 섞인 노래를 삽입한 영화를 본 적이 있다. 〈미망인〉의 라스트신은 전쟁 통에 남편을 잃고 혼자가 되어 젊은 남자와 한때 연민을 느끼기도 한 주인공이 결국 아이 데리고 꿋꿋이 살기 위해 리어카에 짐을 싣고 이사를 떠나는 내용이다. 우리는 그 라스트신을 잘 찍어보려고 노력했다. 서울 종로에서는 민자가 양장점 앞에서 공중전화를 걸 때 배경으로 자동차가 한두 대 지나가주기만 기다리며 많은 시간을 기다렸는데 도대체 뜻대로 안 되더니, 부산에서도 쉽지 않았다. 부산 외진 시골길 언덕에서 리어카를 끌고 아랫길로 내려가는 긴 장면인데, 이 심각한 상황에서 남의 사정도 모르고 어쩌면 그렇게도 사람이 지나가고 소달구지도 지나가고 하는지 애가 탔다. 그럴 때마다 다시 찍게 되면 이민자도 한 번쯤은 신경질을 낼 만도 하건만 절대 신경질을 내지 않는다. 오히려 허허 하면서 너털웃음으로 사람들 기분을 맞추어주던 그녀의 성격이 그립다. 이민자는 연기력도 좋지만 인간성 좋기로 유명하다. 지금은 고인이 되어버린 그녀가 간절히 생각난다.

그로부터 수십 년이 지난 1997년 1월, 〈미망인〉의 원판(네거티브)이 현재 한국영상자료원에 보관되어 있다는 소식이 들려왔다. 소식을 전해준 고마운 사람들은 1997년 4월 제1회 서울 여성영

〈미망인〉 장면 중에서.

화제 주최를 준비하느라 열심히 뛰던 젊은이들이었다. 어떤 경로를 통해서 한국영상자료원에 들어가게 되었는지, 언제부터 그곳에 보관되어 있었는지 나는 전혀 아는 바가 없으나 누가 그곳에 가져다놓았는지 나로서는 무척 고마운 일이다. 나는 그때 〈미망인〉을 다 만들고 난 이후부터 지금까지 그 영화를 본 적이 없는데, 소식에 의하면, 영화 원판의 약 5분가량 길이의 끝부분이 잘려 있다고 한다. 심혈을 기울였던 그 라스트신도 잘려 있다는 이야기인데, 그래도 〈미망인〉이 지금까지 필름 창고에 보관되어 있었다는 것은 기적이다.

❖

아역 '주'의 역을 맡았던 이성주가 국민학교에 입학하기 위해 서울로 떠나는 밤에 그 아이의 아버지와 같이 부산역까지 따라나갔다. 나는 아이를 업고 다 낫지 않은 다리를 절뚝거리면서 여관에서 부산역까지 걸어갔다. 밤늦은 기차였다. 며칠만 더 기다리면 일행과 다 같이 올라갈 수 있는데, 그 늦은 밤에 어린아이 혼자 기차를 태워 보내는 그 아버지가 무심하다고 생각했다.

미국 영화 〈메리 위도우〉라는 오페레타가 떠올랐다. 1934년 작, 에른스트 루비치 감독에 모리스 슈발리에와 지넷 맥도널드 주연의 영화이다. 춤추는 맥도널드의 웃는 얼굴이 생각났다. 미국은 유쾌한 미망인을 다루는데, 전쟁으로 인해 폐허가 된 우리나라의 서글픈 미망인을 다루는 나는 왜 이다지 힘없고 고생스

박남옥

러울까?

아역이 떠나고 일주일이 지났을까? 아침저녁으로 날씨도 제법 쌀쌀했다. 부산에서의 마지막 밤. 옛날 부산 피난 시절 자주 했던 우리들의 소주 파티를 기억하며 전창근 감독을 위시하여 스태프들과 소주를 실컷 마셨다. 술이 들어가니 다쳤던 다리뼈 통증이 조금 누그러지는 듯하였다. 나는 일행에게 담뱃값 조로 푼돈을 나누어 주고 전 감독에게는 실례가 되지 않을 정도로 사례를 하였다. 떠나는 일행 편으로 현상 담당이던 조우기〈미망인〉의 현상 담당은 김창수로 기록되어 있다 씨에게 편지를 보냈다. 잘 부탁한다는, 그리고 편집할 사람 하나 구해달라는 내용의 편지였다.

❖

그렇게 일행은 서울로 올라가고 나는 대구역 앞 경산이라는 역에서 내렸다. 오후 2시쯤 되었을까? 역으로부터 한참 걸어서 훗날 유현목 감독이 〈카인의 후예〉를 찍었던 유명한 과수원에 도착했다. 이 과수원에서 나오는 사과는 옛날 궁중으로 납품했다고 한다. 학창 시절, 우리가 그렇게도 좋아했던 경북여고 가사 선생님이 이 집안에 후처로 시집와 있었다. 수십 개의 열쇠를 달랑달랑 소리 내며 과수원 내를 점검하고 다니던 우리 선생님은 기저귀 가방을 들고 아이를 등에 업고 나타난 나의 모습을 보고 반갑고 놀란 표정으로 달려오셨다.

"영화 한다는 이야기는 들었지만, 어디서 그렇게 수척해져서

와요!"

넓은 대청마루로 나를 안내하고 등에 업혀 있던 아이를 안아 주었다. 나는 무슨 이야기부터 하여야 할지 망연하게 선생님 얼굴만 한참 쳐다보았다. 내가 커피를 좋아하는 것을 아시는 선생님은 커피를 타본다 사과를 깎아본다 하며 여러 가지 대접을 융숭하게 했지만, 선생님과 여학교부터의 인연, 지나간 날들이 생각나서, 나는 그저 아무 말도 못하고 선생님 얼굴만 쳐다보았다.

공기는 맑고 방도 따뜻하고 편하니 아이하고 하룻밤만 푹 쉬고 가라고 사정사정하는 선생님을 뿌리치고 나는 또 길을 나섰다. 일행이 서울에서 현상을 하고 녹음을 기다리고 있으므로 대구를 거쳐서 빨리 상경해야 한다고 우기며 떠나는 나를 위해 선생님은 할 수 없이 택시를 불렀다. 사과 두 궤짝을 택시 트렁크에 넣어주고 용돈을 두툼히 손에 쥐여주었다. 영문도 모르고 업혀 있는 아이를 만지면서 말했다.

"눈이 참 예쁘네. 내 이름하고 같은 경주라메?"

나는 선생님 이름을 따 아이 이름을 지었었다.

"아저씨, 애기 엄마가 몸이 많이 아프니 운전 잘하고 집까지 꼭 잘 도착시켜주세요."

운전사에게 택시비도 넉넉히 쥐여주셨다. 선생님 덕분에 편하게 택시를 타고 가며 많은 생각이 오갔다. 태어난 지 두 달밖에 안 되는 나의 딸을 들쳐 업고 여기 번쩍 저기 번쩍 하며 보낸 지난 몇 달간의 고생이 새삼스러웠다. 영화제작 중 진행비 때문에 일이 지연되는 일은 없도록 하기 위해 나는 많은 노력을 했다. 이

박남옥

훗날 딸 이경주, 가사 선생님 최경주와.

제는 금전 걱정 없이 푹 쉬고 싶었다.

어언간 신천교가 보이고 농림학교도 보이는 것이 대구에 거의 다 온 듯했다. 집으로 들어가니 엄마가 신도 안 신고 뛰어와 반겨주었다. 나는 아이를 내려놓자 그대로 쓰러졌다. 커피인지 인삼차인지 가지고 오면 마시는 시늉을 하다가 한도 끝도 없는 깊은 잠에 빠졌다. 집안사람들은 내가 한 일주일은 쉬고 가리라 안심하고 있었는데, 나는 속으로 딴생각을 하고 있었다. 녹음 관계로 마음이 급했던 나는 엄마가 녹음비만 주면 곧 상경할 자세가 되어 있었으나 몸이 일어나지지가 않았다. 그러나 이틀째 되던 날, 돈이 마련되자 나는 아이를 들쳐 업고 또 서울로 향했다. 기저귀 가방 속에 넣어둔 〈미망인〉 스틸 사진 4, 50매를 열심히 들여다보고 또 보고 하다 보니 벌써 서울에 도착했다.

그길로 광화문에 있는 덕수국민학교를 찾아갔다. 아이를 포대기로 둘러업고 한 손에는 기저귀 가방을 들고 얼굴에 뼈만 남은 나의 모습은 내가 보기에도 처량했다. 그래서 학교 수위실에서 덕수국민학교 학부모 부회장으로 있는 둘째 언니에게 연락 좀 해달라고 부탁했다. 한참 기다리니 언니가 나와 나를 보고 깜짝 놀라며 근처 '덕수장'으로 데리고 갔다. 아버지를 닮아 말수가 적은 언니는 이렇다 말도 없이 애처로운 눈길로 나를 쳐다보고만 있었다.

"니 좋아하는 만둣국 시키자."

아이를 등에서 내리니 건강하던 아이가 갑자기 토하고 설사를 했다. 언니는 "봐라! 돈도 영화도 다 그만두라 캤는데, 이래 아를 고생시킨다" 하며 눈물을 글썽거리면서 아이를 안고 근처 병원으로 달려갔다.

❖

11월 하순쯤 되자 제법 추워졌다. 우리는 현상이 끝날 때마다 그때그때 랏슈를 보았다. 고생한 보람이 있었던지 생각했던 만큼 촬영이 잘되었다. 남은 것은 편집이었다. 조우기 씨가 추천한 촬영기사 미스터 최, 예쁜 외모를 가진 그의 여동생과 나, 셋이서 팀이 되어 편집 작업을 할 방을 구하려 다녔다. 12월이 되니 추운 날씨가 계속되었다. 나 자신도 몸이 아프고 추위도 견디기 힘들어하고 있었는데, 다행히 12월 3일쯤에는 방을 정하게 되었다. 누상동에 있는 큰 한옥이었는데, 빈방도 많았지만 좋은 집이었다. 우리는 그곳에서 일주일 작업하기로 하고 들어갔다. 넓은 방이었는데 불을 지펴 따뜻하게 해준다는 말에 들어가서 작업을 시작했는데, 워낙 오랫동안 쓰지 않던 방이어서 그랬는지 하루가 꼬빡 지나도 훈기는 안 들어오고 여전히 추웠다. 아이는 옷을 많이 입혀 옆에 뉘고 우리는 작업에 열중했다. 얌전하고 예쁜 미스터 최의 동생은 보수동 국방부에서 같이 뉴스 편집을 해와서 편집은 순조롭게 잘되어갔다.

누상동 집에 들어간 지 3일째 되던 밤이었다. 아이가 끙끙 앓고 있어 놀라서 안아보니 머리가 열로 불덩이 같았다. 한밤중인데 큰일 났다 싶어 꼭 껴안고 밤을 새웠다. 날이 밝아오자 담요에 둘둘 말아 업고 동네 병원 문을 여기저기 두드리며 다녔다. 너무 이른 시간이라 문을 연 병원이 없었다. 다행히도 문을 연 병원이 하나 있어 무작정 들어갔다. 소아과가 아니었지만 응급치료를 해주었는데, 폐렴에 걸릴 찰나였다고 한다. 주사를 맞히고 약도 받아 작업방으로 돌아온 나는 이틀 동안 작업을 못하고 아이를 업고 지냈다. 들어갈 때의 예정은 5일이었지만, 아이가 아픈 바람에 7일 만에 우리는 그 집에서 나왔다. 1954년 겨울이었다. 젊은 혈기로 작업을 같이했던 그 미스터 최는 이제 고인이 되었다는 소식을 들었다. 얌전하고 예쁘던 그 여동생은 잘 살고 있는지 소식은 모르지만 지금은 예순이 넘었으리라.

편집을 마치고 녹음에 들어갈 준비를 시작했다. '아후레코 after-recording. 후시 녹음'니까 멀쩡히 잘 있다가 어디론가 쓰윽 사라져버려 내 속을 자주 썩이던 이민자나 그 외 다른 배우들을 찾아다닐 필요가 없어 많은 도움이 되었다. '신'(이민자 분)과 사장 부인의 목소리는 전창근 감독의 부인 유계선이 맡기로 했다. 나애심의 목소리는 홍은원 감독이 하겠다고 나섰다. 이렇듯 좋은 동지들의 도움으로 녹음 준비는 슬슬 진행되고 있었다. 12월 중순 어느 날, 나는 아이를 업고 기저귀 가방을 들고 녹음비를 손에 쥐고 공보처 녹음실을 찾아갔다. 지금의 중앙청 앞에 있던 녹음실에 씩씩하게 찾아간 나는, 일이 너무 밀려 있어 녹음 날짜를 잡아줄 수 없다는 대답만 듣고 맥없이 돌아서야 했다. 첫날은 그렇게 돌아왔지만 나는 포기하지 않고 그다음 날 또 찾아갔다. 눈은 많이도 왔었다. 관훈동에서 중앙청까지는 자동차다 사람이다 다니니 그래도 눈이 녹아 있었지만, 중앙청 옆문에서 공보처로 들어가는 길은 밤새 내린 눈이 50센티미터나 쌓여 발이 푹푹 빠졌다. 세 번째 간 날의 대답은 그해 안으로는 불가능하다는 것이었다. 그래도 나는 아이 업고 기저귀 가방 들고 녹음비 손에 쥐고 열심히 그 길을 걸어서 하루 한 번씩 녹음실을 찾았다.

어느 날은 집에서 너무 일찍 출발하여 누상동의 외제 과자 파는 골목을 구경하며 걷고 있었다. 누군가 뒤에서 불렀다. 돌아보니 한형모 감독의 영화에 출연했던 영화배우 R 양이었다. 다정한 그녀는 그 근처에 자기 집이 있다며 쉬어 가라고 나를 데리고 갔다. 사직공원 옆 모퉁이에 있는 그 집은 나무가 많고 좋은 집이었는데, 일제시대 때는 일본 화가가 언덕 위에 화실도 지었었다고 한다. R 양은 피난 시절 부산에서도 잘살았다. 피난 내려가 부산에 모여 있던 영화인들에게 귀한 물건들을 선물하곤 했지만, 특히 나에게는 많은 호의를 베푼 사람이다. 공보처 녹음실로 매일 출근하여 투쟁하느라 비장한 나날을 보내던 나는 그날따라 집을 일찍 나선 덕에 뜻밖에 반가운 사람을 만나 잠시 용기를 얻었다. 그녀는 따뜻하게 대접해주고 예쁜 아이 옷도 많이 사주었다. 얼굴과 같이 마음씨도 예쁘던 그 R 양은 어디에 살아 있는지, 꼭 보고 싶은 사람 중 한 사람이다.

❖

크리스마스가 가까워지자 녹음실 사람들은 쉬어야 되니 며칠은 작업할 수 없다고 한다. 그렇게 나오니 나는 전혀 쉬고 싶은 마음이 아니었으나 할 수 없이 연말을 쉬었다. 그렇게 그해가 지나고 1955년 1월 6일에 나는 또 녹음실로 찾아갔다. 이번에는 대답 내용이 바뀌어 "연초부터 16mm에다 여자 작품을 녹음할 수는 없다"라고 한다. 녹음실 책임자 이름은 지금 잊었지만, 위의 말은 녹음 조수들이 나에게 한 말이다. 여자 작품이라 재수가 없다는 얘기인 것 같았다. 그 말을 들은 나는 불끈하고 올라오는 것을 느꼈으나 꾹 참았다. 평소 내 성질 같으면 한판 소란을 피우고 내 본성을 나타내고 싶은 심정이 간절했지만, 그간 들어간 돈과 고생 그리고 우리 스태프들의 고생을 생각해서 참았다. "100리를 가는 사람, 99리를 반으로 생각하라." 이 격언이 생각나는 순간이었다.

그때는 사실 신상옥 감독, 정창화 감독 등이 16mm 영화를 완성하고 있었고, 〈미망인〉 후에는 한 감독의 〈운명의 손〉, 이규환 감독의 〈춘향전〉 35mm가 겨우 나올 때였다. 그러니까 16mm 작품이라고 연초부터 녹음할 수 없다는 것은 빨간 거짓말. 서울, 부산 어디로 촬영을 다녔어도 여자가 영화 만든다고 손가락질한 번 당한 적 없었는데, 녹음실에서 그런 푸대접을 받으니 같은 영화인끼리 괘씸하기 짝이 없었다. 나는 따지고 싶었지만 훗날을 위해서 참았다. 녹음실 조수^{손인호}는 인물이 잘생긴 젊은이였는데, 녹음기사^{이경순}의 조카라고 했다. 그 조카는 노래를 잘 불러 "목이 메인 이별가를 불러야 옳으냐" 하는 〈비 나리는 호남선〉 등의 노래로 일약 가수가 되었다나 어쨌다나.

이규환 감독, 조미령 주연 〈춘향전〉 촬영 현장.

1월 중순. 드디어 녹음을 시작할 수 있게 되었다. 우리는 대본을 가지고 한두 번 세트장으로 썼던 그 관훈동의 하꼬방에서 모처럼 모였다. 나는 그 며칠 전, 그러니까 설날 전에 돈암동 전창근 감독 집에 들러 얼마 안 되는 돈이지만 '사례금'이랍시고 봉투에 넣어드리고 왔었다. 녹음한다는 첫날, 녹음실에 들어가니 나는 가슴이 몹시 아팠다. 한바탕 뒤엎고 싶은 성질을 꾹꾹 눌러가며 몇 십 번이나 공을 들여 찾아왔던 곳이던가!

녹음 작업이 시작되었다. 유계선은 이민자 역을 맡았는데, 대사가 나오는 화면을 보며 세 번, 네 번 똑같은 대사를 되풀이하며 열심히 해주었다. 〈미망인〉은 대사가 많은 영화는 아니었는데, 연기자는 대가가 되면 적당히 하는 성격이 있는가 하면, 유계선같이 작업마다 최선을 다해서 열심히 하는 사람이 있다. 1946년, 그녀가 〈자유만세〉 미향이 역으로 녹음하는 것을 옆에서 보았는데 그때도 그녀의 열성에 놀랐었다. 연기 분야든 대중가요 분야든 일류는 어디가 달라도 다른 점이 있다. 나는 유계선의 열성이 존경스러웠고, 나의 영화를 위해서 그녀가 녹음에 임하는 자세에 그저 고맙기만 했다. 한편, 나애심의 대사를 맡아준 홍은원 감독은 대타로 녹음을 해본 적이 없을 텐데 그 역을 훌륭히 해주었다. 노강 영감과 사장 역의 대타, 모두 열심히 해줘 녹음을 마쳤다. 자막 촬영한 것과 반주 음악 등, 성공리에 끝났다.

엿새 만이었나 일주일 만이었나, 전 감독, 미스터 정, 유계선, 홍은원 등등 자막 촬영한 것이 들어가고 반주 음악이 울리는 영화 〈미망인〉은 완성이 되었다. 사나흘 전부터 긴장이 풀려가서

박남옥

그랬던 건지 나는 으슬으슬 춥고 기운이 뚝 떨어졌다. 완성된 영화를 보던 날, 속으로 몹시 울었다.

영화? 예술? 영화제작이란 단결이다. 영화를 사랑하는 사람들이 모여 자기 일같이 힘을 보태 한 편의 영화를 만들어내는 단결이다. 예술이란 개념은 그날 나에게는 사치였다. 여름부터 겨울까지 반년 넘도록 아이를 업고 기저귀 가방을 든 형상으로 미친 사람처럼 이리 뛰고 저리 뛰며 촬영기재 마련, 돈 마련, 스태프진 식사 마련으로 정신이 빠져 있던 나는 영화 동지들의 그동안의 도움과 격려에 그저 고마운 마음뿐이었다. 〈미망인〉 제작 들어가기 전까지만 해도 나는 예술을 논했었다. 그러나 그날, 완성된 〈미망인〉을 다 같이 보던 그날, 그런 것들은 더 이상 나에게 의미 없었다. 나는 그저 속으로 울고만 있었다.

영화를 보던 날 유심히 보니 나의 검은색 비로드^{벨벳} 치마 끝이 갈래갈래 찢어져 있었다. 이상했다. 그러나 곧 이해가 되었다. 녹음실의 좁은 계단을 수없이 오르내리며 치맛단이 터진 것이었다. 치마가 하나밖에 없었던 것도 아닌데 옷 갈아입을 생각을 전혀 못했던 것이다. 한 가지에 미쳐 있으면 그 일만 생각하는 것이 내 성격이지만 그 치마는 좀 심했다. 미국 영화 〈지상 최대의 쇼〉에 나오는 여주인공 베티 허턴이 끝이 갈래갈래 찢어진 짧은 치마를 입고 말을 타고 그네를 타고 하는 장면들이 생각났다. 나는 나의 검은색 비로드 치마와 허턴의 치마를 생각하며 속으로 웃었다.

지금의 영화제작과 비교한다면 천지 차이다. 영화를 만들겠다

고 무엇에 씐 사람처럼 서울, 대구, 부산, 진해, 마산 등을 헤매고
다닌 나는 몸이 망가지고 등에 업혀 있던 아이도 괴롭혔다. 〈미
망인〉을 완성하고 일행이 같이 관람하던 날, 나는 영화란 합심
과 단결의 소산이라고 생각했다. 영화제작 분야가 눈부시게 발전
한 지금도 나는 영화예술은 합심과 단결의 소산이라는 호랑이
담배 피우던 시절의 대사를 되풀이하고 있다.

❖

영화는 완성되었고 넘어야 할 남은 관문은 흥행과 극장 날짜
등이었다. 유현목 감독 아니면 전창근 감독에게서 드라마센터에
유치진 선생을 찾아가보라는 권유를 받은 것은 1955년 2월 말쯤
이었다. 서울 시내의 극장 개봉 날짜를 잡기 위해서였다. 나는 아
이를 들쳐 업고 남산을 올라갔다. 택시 운전사는 나를 선물용으
로 마련해 간 사과 궤짝 하나와 함께 남산 찻길에 내려놓고는 횡
하니 가버렸다. 별수 없이 나는 사과 궤짝과 기저귀 가방을 들고
걷기 시작했다. 유 선생의 사택까지는 거리가 약 35미터 되었을
까? 나는 마치 여자 삼손처럼 보였으리라. 지금 생각해보면 기진
맥진한 몸에 어떻게 그런 힘을 쓸 수 있었나 나 자신도 놀랍다.
선생님과 사모님은 참 친절하게 대해주셨다. 4월이나 5월이었다
고 기억되는데 포스터가 없어서 3일이나 4일간 상영을 했던 기억
이 난다.

나는 하루 두 번씩 극장에 가서 〈미망인〉을 보았다. 아니, 영

화를 본 것이 아니고 영화를 보는 사람들의 반응을 살펴본 것 같다. 이상하게도 상영 기간 동안 극장 안에 빈자리가 있는 것을 못 보았다. 나는 서서 보는 사람들 사이에 끼어 서 있다가 업고 있던 아기가 움직이면 재빨리 복도로 나오곤 했다. 극장의 돈 계산은 미스터 정이 했는지 기억이 없다. 그동안 영화 만드는 일에 혼신의 힘을 다 쓴 나는 흥행에는 별 신경을 쓸 수 없었다. 하루 두 번씩 극장에서 지내다 집으로 돌아오기 전에는 중앙극장 뒷골목, 옆 골목 할 것 없이 꼭 그 근처를 몽유병자처럼 서성이다 돌아왔다. 젊은 날 무수히 많은 영화를 보러 돈 내고 극장 출입을 하던 때와는 전혀 다른 느낌의 3, 4일이었다. 촬영부터 죽을 고비를 넘기며 버텨가며 녹음까지 마친 그동안의 피로와 열을 식히기 위해 나는 그렇게 혼 나간 사람 모양 극장 근처 골목들을 서성거린 것 같다. 요사이 많은 영화사가 충무로에 자리 잡고 시나리오, 연출, 진행, 선전, 흥행, 각 부서가 분담하여 매끄럽게 영화를 만드는 것을 보면 1인 5역을 하며 뛰어다니던 원시적인 내가 부끄럽고 웃음도 난다. 그때는 그런 시절이었다. 55년 전. 내가 대구에서 돈을 가지고 서울로 올라오는 날은 새 구두 사 신고 충무로 거리를 쏘다녔다. 한번 복혜숙 씨를 본 적이 있었던 모 다방 앞을 지나칠 때 나는 젊었고 천하가 내 손안에 있는 것 같았다. 그때는 고려영화사가 미도파 앞 큰 건물 안에 있었고, 충무로에는 영화사가 하나도 없었다.

❖

〈미망인〉의 흥행배급, 상영 전반을 가리키는 용어 이야기에서 잠시 빗나갔는데, 그야말로 흥행이라고 이름 붙이기에는 우리는 너무나 비전문적이었다고 할까? 영화를 서울에서 상영은 했으니 이제 지방 흥행에 들어가야 하는데 전문 지식도 없는 나와 미스터 정이 머리를 맞대고 상의를 하였다. 미스터 정은 일본에서 전기 전문학교를 나온 그 당시로는 인텔리 기술자였는데 워낙 영화에 빠져 사느라 도무지 가정을 돌볼 줄 몰랐다. 아이들도 많았는데 얌전한 그의 부인이 집 안에서 무허가로 파마 일을 하는 것을 나는 가서 본 적이 있었다. 정은 최인규 감독의 퍼스트 조감독이었다. 〈미망인〉을 만든 해는 1954년, 한국동란 직후라 사람들은 영화를 만들지 않을 때였는데 이런 고급 기술자가 〈미망인〉에 처음부터 끝까지 매달려 나를 도와주었으니 행운이었다.

중앙극장 상영이 끝나갈 무렵, 한 젊은 남자가 경기도 흥행권을 사겠다고 나를 찾아왔다. 내가 32세 되던 해인데, 27, 28세로 보이는 이 청년은 아버지가 무언가 해보라고 돈을 주었다고 했다. 자신은 영화도 잘 모르고 그렇다고 다른 일을 해본 경험도 없다고 말하며, 세상 물정 모르는 동안을 하고 멋쩍은 표정으로 앉아 있었다. 우리는 그 젊은이에게 경기도 판권을 주었는데, 그 당시 소문으로 돈을 영 못 건졌다는 이야기였다.

몇 해 전 내가 서울에 다니러 갔을 때, 영화 공부하는 어느 여대생한테 들은 이야기가 있다. 그 젊은이는 그 후 영화 흥행 일을 계속하여 지금은 꽤 대단한 흥행사를 가지고 있으며 철모를 때 〈미망인〉으로 시작하여 오늘에 이르렀으니 〈미망인〉에 감사

박남옥

〈미망인〉 포스터.

한다는 이야기이다. 틀림없이 내가 들은 이야기인데 바람결에 지나가는 소리였던 것 같기도 하지만 내 귓전에 분명히 남아 있는 이야기이니, 갑자기 때 묻지 않았던 그 청년의 얼굴이 보고 싶어진다. 그도 지금은 아마 70세를 훨씬 넘지 않았을까.

  그 후 미스터 정과 나는 대구, 부산 할 것 없이 부지런히 돌아다녔다. 아이는 여전히 등에 업힌 채 고생이었다. 배급에 대해 잘 알지도 못하는 나와 미스터 정이었으니 성과가 어땠는지는 뻔한 일이지만, 가장 가슴 아프고 속상했던 일은 같은 고향 사람에게 사기를 당한 일이었다. 유들유들하게 생긴 얼굴의 이 사나이는 자신의 고향도 하양이라며 경상도 말로 '흥행을 도와주겠다'라고 했다. 나는 이 사나이에게 선전물과 진행비를 주어서 보냈다. 이 일은 미스터 정도 알고 있었는데 볼일이 있어 정이 부산을 간 사이 나 혼자 1주일 2주일 기다려도 그 경상도 사나이는 나타나지 않았다. 2주일이 훨씬 지나자 나는 아이를 들쳐 업고 천안으로 갔다. 그가 천안에 무슨 극장에 아는 사람이 있으니 거기부터 가겠다고 했기 때문이다. 역에서 내려 북쪽으로 한참 올라가니 과연 극장이 하나 보였다. 시내 중심부에 위치한 것은 아니지만 제법 큰 극장이었다. 그러나 나는 가슴이 쿵 내려앉는 듯하였다. 멀리서 보아도 금주 상영하는 영화와 다음 주 백년설 공연 선전만 크게 나와 있었고 〈미망인〉 이야기는 없다는 것을 알 수 있었다. 극장 사무실에 들어가 물어보았다. 그런 사람 선전물 가지고 온 일이 없다고 한다. 기도 안 차서 그 자리에 주저앉고 싶었다. 사무실을 어떻게 나왔는지 밖으로 나와보니 그야말로 막

박남옥

연했다. 천안 시내 다른 극장을 가보고 싶었으나 기운이 없어 엄두가 나지 않았다. 넋 나간 사람처럼 역 쪽으로 걸어 내려갔다. 유난히 그날은 기운이 없었다. 아이 기저귀 가방을 든 손 끝에는 아무런 힘이 남아 있지 않았고 더 이상 걸을 기운도 없었다. 길가에 허름한 술집이 보이기에 들어갔다. 노동자들이 나무 의자에 걸터앉아 간단히 소주 한잔 하는 그런 초라한 술집이었다. 호떡 두 개를 시켜놓고 가만히 생각하니 아침도 안 먹은 상태였다. 주인이 호떡을 가지고 오기 전에 탁자 위의 비름나물 무친 술안주를 입에 넣었다. 비름나물은 말이 좋아한다는 나물인데, 가장 싸구려 술안주다. 호떡을 먹고 힘없이 역전에 도착하니 비가 올 듯한 날씨로 변해 으슬으슬 추웠다. 광장에 쪼그리고 앉았다. 기차 출발 시간은 아직 멀었고 머릿속에는 아무 생각도 없었다. 그러다가 살짝 잠이 들었는데 얼마나 잤는지 알 수 없었다. 비가 오니 등에 업혀 있던 아이가 움직였고 그 바람에 깜짝 놀라 깬 나는 역 구내로 뛰어들어가 서울행 기차를 놓치지 않고 탈 수 있었다.

지금도 나는 비 오던 그날 이 역 광장에서의 장면을 생각하면 눈물이 난다. 맛있는 호두과자로 유명한 천안역이지만 나에게는 실패감과 처절함으로 점철된 장소다. '영화가 아무리 좋고 중요하다 해도 이렇게까지 목숨 건 용사처럼 투쟁해야 하나.' 사람이 하고 싶은 일을 시작했으면 끝을 맺어야 한다는 것은 지금도 변치 않는 나의 신념이지만, 이때부터 나는 상처로 인한 중병을 앓고 있었던 것 같다.

나와 미스터 정은 열심히 '흥행' 일을 하였다. 대구 키네마극장 흥행도 하고 부산에 내려가서 부산 시내 극장과 영도섬의 모 극장에서도 상영을 했다. 전쟁 통에 알게 된 서울 을지로의 소아과 여의사 소개로 부산에 큰 방직공장 두 군데에서도 영화를 돌린 기억이 난다. 강원도에 대해서는 전혀 생각나는 바가 없으니 그곳에서는 전혀 흥행을 하지 않은 듯하기도 하다. 전라도에 가서는 여기저기 수소문하다가 도저히 오래 머물 수 없어 영화 '흥행'을 하는 어느 여자^{이월금}를 만나 그 사람에게 전라남도, 북도 판권을 판 기억이 난다.

아무것도 모르는 상태에서 흥행이라는 것을 한답시고 전국을 돌아다니다시피 한 나는 흥행이 어떤 것인지 조금 알 만하게 되었을 때 그만두었다. 건강이 좋지 않아서였다. 부산 일대 지역은 미스터 정에게 나머지 흥행을 해서 생활에 보태 쓰라고 프린트 한 벌을 주고 나는 흥행에서 손을 떼었다. 지금 돌이켜보면 웃기는 일이지. 태어난 지 1년도 채 안 되는 아이는 등에 업고 영화 한 편 흥행해보겠다고 남한 일대를 돌아다녔으니 미친 여자같이 보이지 않았을까?

서울에 돌아가 며칠을 쉬었다. 나는 더 이상 아무것도 할 수 없었고 중앙극장 수입과 경기도 판권을 팔았던 돈으로 제작비 보태주었던 둘째 언니에게 그 반을 갚았다. 〈미망인〉 영화제작사가 '자매영화사'라고 되어 있는 것은 자본을 대준 사람이 이 언니였기 때문이다. 그러고도 며칠 만에 한 번씩은 시내 다방으로 나갔다. 영화인들도 만나고 자기 영화 흥행한다고 다니던 정창화

〈미망인〉 제작 자본을 대주었던 둘째 언니와 큰언니.

감독도 만났다. 지금도 눈에 선한 것은 원로 조명 기사 김성춘 씨를 길에서 마주쳤을 때이다. 종로에서 한 번, 충무로 극장 앞에서 한 번 마주치게 된 그는 등에 업힌 아이를 만져보며 "아이구, 엄마도 고생이지만 업힌 니가 더 고생이구나!" 하였다. 길가에서 파는 초콜릿, 과자, 캔디 등을 한 보따리 사 내 손에 쥐어주던 그 인자한 얼굴을 잊을 수 없다.

〈미망인〉의 흥행을 마친 미스터 정은 전창근 감독의 〈단종애사〉에서 조감독 일을 맡게 되었다. 〈단종애사〉는 엄앵란의 첫 주연 작품이었다. 스태프들이 촬영하다가 점심 식사 하러 나가는 길에 나를 만나게 되면 안 가겠다는 나를 전 감독이 억지로 끌고 식당에 데리고 가던 기억들이 새롭다. 이때부터 35mm 영화가 활발하게 제작되기 시작했다. 아이를 등에 업고 하루 종일 돌아다니다 집으로 오는 길은 화신 앞을 지나게 된다.

"아주머니, 사진 찍으세요?"

스무 살 안팎의 젊은 아이가 찍겠다고 다가온다. 길가에서 스냅 사진 찍기가 시작되던 때였다. 아이와 무심코 포즈를 취한 이 사진은 40여 년 후 한 젊은 영화학도에 의해 책에 실리게 된다. 100여 년 전 이조 말기 시대의 흘러간 사진을 보는 느낌으로 이 사진을 본다. 세월이 이토록 흘러 나도 역사 속으로 사라져가는 구나.

❖

박남옥

화신 백화점 앞에서.

하루는 저녁에 집으로 돌아가는 길, 양우당서적을 지나 로터리 건너 31빌딩, 저쪽은 파고다공원, 외등 가로등이 밝아오는 밤길에 저쪽에서 R^{이보라}이 걸어왔다. 화신 앞에서 누군가를 만나러 가는 길이라 했다. 등에 업힌 아이를 한참 보더니 "우리 그만 헤어지자"라고 했다. 나는 무슨 소리인가 했다. 3년 반, 4년 가까운 생활을 청산하자는 뜻이었다.

'헤어지는 것이 무슨 큰 대수냐.'

이런 생각이 드는 동시에 눈물이 흘렀다. 헤어지는 슬픔의 눈물은 아니었던 것 같다. 일단 '살았구나. 이 어제오늘의 내 고생도 끝이 났구나' 하는 안도의 마음도 있었고, 그의 죽은 전처와의 네 아이들에게 잘해주지 못한 것에 대한 후회와 죄책감도 섞여 있었다. 그리고 〈미망인〉 제작, 감독과 흥행에 정신이 나가 가사일을 전혀 돌보지 않은 점을 깨달았고, 땅이 꺼질 듯 힘이 없고 나락에 빠진 나의 건강…… 슬픔이라기보다 그것은 안도와 허탈에서 나온 눈물이었다. 그렇게 해서 짧았던 나의 결혼 생활은 끝이 났다.

1957년 2, 3월에 드디어 아버지 어머니가 대구 생활을 청산하고 서울로 올라왔다. 부모님은 서울시 서대문구 옥천동의 아담한 한옥에 이삿짐을 풀었다. 나는 부모 곁으로 갈 생각을 하고 주변 정리를 하고 있었다. 하루는 저녁 무렵에 홍은원 감독이 찾아왔다. 그녀는 나의 좋은 친구였고, 그동안 흥행까지 맡아 하느라고 고생했다며 위로하려 찾아와준 것이었다. 집에서 이야기를 하던 우리는 밖에 나가고 싶어졌다. 나는 아이를 업고 우리는 집을 나서 화신 근처 다방으로 차를 마시러 갔다. 우리들의 이야기는 끝이 없었다. 형편없는 나의 안색을 보고 홍 감독은 여관에 가서 푹 쉬자고 했다. 우리는 화신 뒷골목 여관으로 들어갔다. 따뜻한 방에 눕혀놓으니 아이는 자기 시작했다.

홍 감독은 나보다 한 살 위였지만 여러 면에서 나와 비슷한 상황에 있었다. 시나리오도 쓰고 조감독 시절을 거쳐서 감독으로서 작품을 한 경력이 비슷했다. 그뿐 아니라 둘 다 글 쓰는 아버지를 가진 이씨 성의 딸이 있었다. 홍은 그때 대여섯 살 된 딸이 있었다. 하지만 우리의 외모는 전혀 달라서 홍은 날씬한 몸매에 얼굴도 곱상했다. 그녀는 노래도 잘해서 일제시대에는 만주 하얼빈 방송국의 코러스 멤버로 활동했었다. 훗날 김신재가 미국으로 이민 떠나기 전 불광동 살던 나와 역촌동 홍의 집으로 3일에 한 번씩 와 우리 셋이 즐겁게 지낸 시기가 있었다. 그때 세 사람의 우정이 지금도 생생한데 두 사람은 벌써 고인이 되고 나만 남아 있다. 홍과 내가 여관방에서 밤새 한 이야기는, 내가 앞뒤 안 보고 일을 추진하는 경솔함으로 건강을 해쳤다고 후회를 하면 홍 감독이 이 생활을 빨리 청산하고 우리 새 출발 하자며 격려해주는 것이었다.

홍과 헤어지고 그다음 날 나는 부모님이 사시는 옥천동 집으로 들어갔다. 영화도 인생도 만사 다 끝났다 싶어 전신에 힘이 빠져 일어날 수가 없었다. 한편 아이는 살판이 났다. 옥천동 집에는 부모님과 시집 안 간 막내 여동생 봉수, 그리고 막내 남동생 성기가 다 같이 살았다. 막내 여동생은 특히 조카를 끔찍이도 돌

위   윗줄의 박남옥, 홍은원과 아랫줄 중간의 김신재.
중간·아래   1986년 홍은원 감독.

보아주었고, 할아버지, 할머니, 이모, 삼촌, 밥하는 아주머니까지 해서 식구도 많으니 아이는 신기해서 이런저런 말도 잘했다.

"이모, 이모! 할아버지는 신랑이야?"

온 집안이 웃었다.

옥천동에서 골목길을 내려오면 영천시장이 있고 사거리로 나가 조금 올라가면 독립문이 있었다. 워낙 살림꾼인 엄마는 어떤 날은 하루 세 번도 영천시장에 내려가서 채소다 고기다 장을 봐온다. 엄마도 늙어서 옛날 솜씨는 못 내지만 일하는 아주머니가 젊고 잘하니까 밥상에 국이다, 찌개다, 나물이다 많이도 차려 냈다. 오랜 보헤미안 생활 후에 부모님이 사시는 안락한 가정에서 푸짐한 밥상을 받아 앞에 놓고도 나는 음식이 먹히지가 않았다. 그날이 그날 같고 자리에서 일어날 수가 없었다. 나는 단단히 병이 난 것이었다. 영화에 미쳐 앞뒤 없이 돌아다닌 처녀 시절, 결혼, 출산, 영화감독으로의 첫출발, 흥행 실패, 이혼, 이 모든 일들을 숨 쉴 틈 없이 거치고 난 나는 탈진 상태였다.

한 열흘이 지난 어느 저녁, 마루 끝에 겨우 기대어 앉아 있으니 생전 말이 없으신 아버지가

"좀 몸이 풀리나? 너무 누워 있어도 안 되니까 차차 정신 차리고 회사에 나가보지. 출판사에 1000명도 넘는 직원이 있다는데 집안사람이 네 사람밖에 없어서 힘들단다. 나가서 형부를 도와줘라" 했다.

몸은 축 늘어져 말을 안 들어도 순간 머릿속에 무언가 반짝했다. '그렇다! 언니 돈도 다 못 갚고 영화 한다고 물심양면으로 얼

위 　가족사진.
아래 　딸 이경주, 동아출판사 옥상에서.

마나 오랫동안 부모형제를 괴롭혀왔나! 부모에게 효도할 시기가 왔다. 일어나야지!' 나는 마치 하늘의 계시라도 받은 사람처럼 벌떡 일어섰다.

1957년, 동아출판사로 출근을 시작하였다.

동아출판사

1 9 5 7 ~ 1 9 8 0

아버지 말씀을 듣고 이제야 효도하는 길이 열렸구나 생각하고 뛰어들어간 동아출판사 입사는 1957년 아니면 1958년 초였던 것 같다. 관리과로 입사했다. 6·25동란 전, 출판사를 창설하려고 상경한 둘째 언니와 형부는 을지로 새집을 전쟁 통에 전소당하고 1·4후퇴 때 대구로 다시 내려왔다. 그 후 1953년 아니면 1954년에 재차 상경해서 창설한 동아출판사는 서대문 로터리 근처 큰 사옥에 편집부를 위시해서 활판인쇄, 조판부 오프셋인쇄, 제본까지, 즉 원고가 들어가면 책이 되어서 나오는 일관작업一貫作業이 되는, 그 당시 둘도 없는 큰 출판사였다. 일본에서도 그런 수준의 일관작업 시설은 드물던 시절이다. 내가 입사한 관리과는 제본과에서 나오는 모든 책과 참고서 등을 관리하며, 시내 수백 군데 거래 서점과 지방 서점 등에 발송하는 곳이다. 교학사나 문호사, 기타 다른 여러 출판사에 비해 동아는 자체 회사에서 일관작업으로 책이 나오니까 빨리 발송하면 중입, 고입, 대입 참고서 들의 경우는 지방에서는 일주일 정도 빨리 팔 수 있는 이점이 있었다. 봄 3, 4월, 그리고 가을 8, 9월 신학기가 되면 관리과에서는 밤일을 하기가 일쑤였다. 내가 몸이 아프다고 빠질 수는 없었고, 그렇다고 병원 갈 시간 내기도 힘들었다. 워낙 병원 가는 것을 싫어하는 성격이라 그럭저럭 지내다 보니 건강이 영 좋지 않았다. 옥천동 집에서 서대문 로터리까지 출퇴근도 힘들 정도였다. 집에는 부모형제가 있으니 아이를 집에 두고 출근할 수가 있었으나, 이건 갑자기 아이를 업지 않고 걸으니 너무 홀가분해서 밸런스가 맞지 않아 걷기가 힘들었나? 아무튼, 너무 힘들어지자 생각 끝에 점심시간을 이용해 병원에 가보기로 했다. 근처의 미동국민학교 쪽 불란서 대사관이 있는 중턱에 한의원 간판이 있어 그리로 들어가보았다. 여의사가 있었는데, 뭐라 뭐라 이야기하더니 보약이라고 한 재 지어주었다. 그 한약을 다 먹어도 별 효력이 없었다. 그럴 수밖에 없었던 것이 후일 1979년 미국으로 이민을 가기 위해 엑스레이를 찍어보니 놀랍게도 한쪽 폐를 많이 앓은 흔적이 나타났다. 서울에서 십수 년 공복에 돌아다니며 동분서주하고, 〈미망인〉 만든다고 고생, 흥행한다고 아이 업고 남한 일대를 돌아다닌 몸이니 쇳덩어리라도 온전했을까? 그런데 사람의 몸은 정말 신비롭다. 그때 약 한 첩 먹은 후 병원에 가지 않았으니 폐가 약해져 있었다는 것도 모르고 그저 일만 했다. 10년 가까이 관리과 일을 규칙적으로 해나갔더니 나의 건강은 감쪽같이 원래 상태로 돌아갔다. 자가 치료가 되는 인체의 신비에 놀랐다. 입사한 지 2년이 지날 무렵, 얌전히 일만 하고 있는 나에게 '아시아영화제'라는 것이 생겨 제7회를 동경에서 연다는 얘기가 들려왔다. 나는 또 발동이 걸렸다. '밀선 타고 가려다 실패했던 그 동경에 가봐야지! 영화잡지를 발간하자!'

이렇게 나는 〈시네마 팬〉이라는 영화잡지를 발간하였고, 첫 표지에는 〈누구를 위하여 좋은 울리나〉의 잉그리드 버그먼이 눈물 흘리는 얼굴을 실었다. 그런데 인쇄가 잘못 나와 너무 속상했다. 동아출판사의 좋은 설비와 기계로 인쇄했으면 물론 잘 나왔겠지만, 영화잡지 발간은 관리과 일을 하면서 몰래 병행하는 일이었기 때문에 다른 오프셋 공장에서 표지를 인쇄했던 것이다.

둘째 언니와 동아출판사 사장인 둘째 형부 김상문. 미국 여행 중에.

동경 아시아영화제는 1960년 4월에 열렸던 것으로 기억된다. 우리 일행은 동경에 도착하여 신축된 호텔 뉴재팬에 짐을 풀었다. 도착한 날 밤새 나는 고열로 앓아누웠다. 바쁜 직장 생활과 영화제 참가 준비로 동분서주하다가 도착하니 긴장이 풀린 것일까. 동남아의 미녀 배우들이 많이 모였고, 각국 영화들이 상영되었다. 우리나라도 멤버가 꽤 호화로웠다. 김진규, 김지미, 김승호, 문정숙, 신상옥, 최은희, 엄앵란…… 신상옥 감독의 〈로맨스 빠빠〉의 김승호가 남우주연상을 탔다. 떠나기 전날은 진잔소椿山莊라는 별장에서 화려한 파티가 열렸다. 이 별장은 옛날에 다이묘大名의 별장이었다는데 외국 대통령들만 유숙하는 넓고 아름다운 장소였다. 밤이면 개똥벌레가 무수히 날아다녀 그 운치가 장관이었다. 정말 좋은 밤이었고 나는 기분이 좋아 담배 한 대를 입에 무는데 그때 김진규 옆에 서 있던 일본 배우 미후네 도시로三船敏郎가 라이터로 담뱃불을 붙여주었다. 그 순간 누군가가 찰칵 카메라를 눌러 그 좋은 순간은 한 장의 흑백사진으로 영원히 기록이 되었다. 마음에 무척 드는 그 사진을 나는 가보처럼 잘 간직하고 있다. 봄비가 부슬부슬 오던 그 밤, 신감독, 최은희, 나, 우리 셋이 상기되어 늦게까지 파티장에 있다가 일행이 타고 간 버스를 놓쳐 택시를 불러 호텔로 돌아간 것도 즐거운 추억이다. 해방되고 6·25전쟁이 나고 15년 가까운 세월 동안 일본은 조용했다. 호텔에 머무르면서 밖에 나가보니 동경에도 전쟁의 흔적은 보이지 않았다. 그런 일본에 비하여 우리나라는 아직 불안정하다는 생각이 든 것은 나라 사랑인지 친일파적인 생각인지……

　　　　　　　　　　　　　　　　박남옥

미후네 도시로와 김진규, 박남옥.

위　　도금봉, 문정숙과 박남옥.
중간　신상옥, 박남옥 등.
아래　엄앵란, 최은희 등과.

❖

아니나 다를까, 서울에 돌아가니 바로 4·19였다. 도착해서 충무로에 있던 잡지사(《시네마 팬》)로 가는 길가에는 차가 불에 타고 젊은 아이들은 피를 흘리고 난리판이었다. 경관은 호루라기를 불며 질주하고 광화문과 파고다공원 앞에서는 많은 학생들이 데모를 하는 광경을 볼 수 있었다. 며칠 동안 서대문도 충무로도 걸어 다녀야 했고 고단하기 짝이 없었다. 낙이 있으면 뒤따라 고생도 있는 법인지, 동경 영화제에서의 즐거웠던 며칠이 꿈같았다.

이튿날, 관리과에서 일을 하고 있자니 서대문극장_{후에 화양극장에서 르네상스극장이 되었다가 1995년 폐관했다} 앞이 갑자기 소란스러웠다. 수십 명이 달려가고 경관들은 호루라기를 불며 뒤따라갔다. 관리과 문을 박차고 대여섯 명의 학생들이 피를 흘리면서 굴러 들어왔다. 연희대학교 학생이 데모를 하다가 경관에게 맞고 도망 오는 길이라고 했다. 나는 이상한 예감이 들어 관리과 아저씨들을 시켜 학생들을 책 더미 뒤에 숨겨두게 하고 회사 작업복을 입은 채 택시를 타고 옥천동 집으로 날아갔다. 집에 들어서니 내 예감은 적중하여 남동생 성기가 정강이를 깨서 신음하고 있었다. 성격이 온순한 성기는 우리 열 남매 중 막내인데, 그때 연대 국문과에 다니고 있었다. 늙은 엄마가 약을 발라주며 찢어진 바지를 갈아입히는 중이었고 동생은 아프다고 눈물을 흘리고 있었다.

"데모는 뭐 때문에 하노!"

소리치니 얌전한 막내는

"친구들이 하는데 안 할 수도 없고……"

했다. 나는 4·19의 정확한 내용을 아직도 모른다. 시내는 소란스럽고 사람들의 마음은 상기되어서인지 잡지 책값 수금도 제대로되지 않았고, 당분간은 시내를 걸어 다녀야 해서 고생이 심했다. 그 당시 관리과에서 일하던 아저씨들은 제대 즉시 군복을 입은채 입사한 사람들이었다. 서 씨, 문 씨, 이 씨, 정 씨, 공 씨, 고 씨등. 우리들은 밤일이 끝나면 퇴근길에 북아현동 입구 탁주 맛이좋은 식당에서 한잔씩 하고 헤어지곤 했다. 탁주에 밥을 말아 먹곤 하던 문 씨는 일찍 죽었지만 다른 아저씨들은 모두들 늙어서도 잘 지내고 있는지 만나보고 싶다.

❖

일을 한다 하면 신바람 나게 하는 나는 즐겁게 일하고 즐겁게술 마시고 하는 통에 건강이 점차 나아지고 있었다. 일에 몰두해서 살고 있던 그즈음, 걱정거리가 하나 생겼다. 관리과의 창고와사무실은 회사 앞에 자리 잡고 있으니 찾아오는 사람이 많았다. 편집부에서 일하던 사람, 인쇄과에 있던 차장 등등. 아이들의 참고서인 『동아전과』와 『동아수련장』을 얻으러 오는 것이었다. 영업부에 가서 '기증' 전표를 끊어 오면 되는 일이고 그렇게 할 수있는 위치의 사람들인데도 귀찮으니까 나에게 직접 오는 것이다. 책값 내라고 할 처지도 아닌 사람들이라 내 입장이 곤란했다. 극장에서 공짜로 영화 구경하고 싶다는 것과 마찬가지였다. 『동아전과』『수련장』은 그렇다고 하더라도 『가정백과사전』 상하권이나 『가정의학사전』 같은 비싼 월부 책이나 사전류는 정말 곤란했다. 카투사에 다니던 남동생 홍기가 온다, 사장 집 조카가 온다, 심지어는 대구에서 군대에 간 사촌 동생까지 올라와서 책을 얻어 가면, 나는 '기증' 전표를 끊지 못하고 모조리 내 월급에서 삭제해나갔다. 이런 식이니 매달 내 손에 쥐이는 것은 문자 그대로 쥐꼬리만 한 월급이었다. 그러나 부모 집에서 생활하는 덕에 돈 들 일이 크게 없었기 때문에 푼돈은 있었다. 퇴근길, 사흘에 한 번꼴로 독립문 근처 영천시장에 들러 엄마가 좋아하는 나물이나 생선 등을 사 가지고 집에 들어가면 엄마는 무척 좋아했다. 영화 한다고 물심양면으로 마음 쓰게 한 부모에게 조금이나마 효도랍시고 할 수 있게 된 나는 그렇게 행복할 수가 없었다.

❖

　1962년이었나. 아이가 국민학교에 들어갈 나이가 되었다. 마침 출판사 집 언니의 넷째 아들인 건진이와 병원 집 여동생의 딸 행숙이가 같은 나이라 아이는 사촌 두 명과 같이 덕수국민학교에 입학했다. 광화문 경기여중고 맞은편에 있었던 덕수국민학교는 그 당시 최고의 명문 초등학교였다. 병원 집 여동생네도 옥천동에 살았으니 아이는 자기 사촌과 사이좋게 등하교를 하게 되었다. 두 아이들이 옥천동에서 출발하여 서대문 동아출판사 근처까지 오면 신촌 쪽에서 출근하는 아저씨들을 가득 태운 '합승'이 온다. 버스보다는 작고 보통 차보다는 큰 '합승'이라는 것이 있었다. 좌석은 벌써 어른들이 다 차지해 앉아 있어, 나는 매번 운전수에게 아이들을 부탁하며 운전수 옆에 서서 가게 한다. 그러고는 합승이 서대문 로터리를 지나갈 때까지 서서 지켜본다. 차가 로터리를 빙 돌아갈 때 아이들이 차에서 튕겨 나올까 걱정이 되어서 서 있다가 합승이 멀리 동양극장쯤 가면 나는 안심하고 회사로 들어갔다. 그다음 정류장 가면 덕수국민학교가 나오니까. 합승이 떠난 후 한참 그 자리에 서 있는 나를 항상 본 조카 행숙이가 하루는 아이에게 "얘, 이모는 우리한테 효성이 참 지극하다, 그치?" 하는 통에 온 식구는 웃음바다가 되었다. 효성 찾던 그 조카도 이제는 대학 다니는 두 아이를 둔 엄마가 되었으니, 세월은 많이도 흘렀다.

지금도 어린 자녀를 둔 우리나라 학부모들은 세계에서 으뜸가는 교육열로 유명하지만, 그 당시도 그러했다.(사실 교육열이라고 부르기에는 오히려 극성에 가까운 점이 많이 있지만.) 그 당시 어떤 학부모들은 사흘이 멀다 하고 학교로 나가는 열성을 보였다. 동아출판사 사장의 부인이었던 둘째 언니가 그녀의 조용한 성격에 맞지도 않게 학부모 부회장인가 하는 자리에 있었고, 병원 집 동생 봉조는 학부모 일에 꽤 열심이어서, 나는 딸이 덕수에 다니는 동안 언니와 동생에게 내 아이 일도 맡긴 격이었다. 직장 생활을 하던 나는 언니와 동생 덕에 아이를 좋은 학교에 잘 다니게 할 수 있었으니 운이 좋았다.

덕수국민학교에 다니던 딸과.

그러면서 딸은 어느덧 6학년이 되었다. 중학교 입학 문제로 꼭 나와달라는 담임의 연락을 받고 하루는 시간을 내어 학교로 갔다. 출판사 일도 바빴지만, 6년 동안 한 번도 못 찾아간 나도 너무했구나 하는 생각이 문득 들었다. 담임은 아이가 공부를 잘하니까 경기여중에 입학시키자고 했다. 나는 나 자신이 경기여중 같은 학교(대구의 경북여중고)를 나왔으니 아이는 좀 부드러운 이화여중에 넣겠다고 우겼다. 너무 센 여학교를 나오면 팔자가 거세질지도 모른다며 나는 우겼다. 담임은 애원을 했고 그 후에는 출판사까지 찾아와서 부탁을 했지만 나는 결국 이화여중으로 낙찰하였다.

　　시험 날, 이화 본관이 아닌 구관 앞에는 수험생과 학부모 들이 모여 있었다. 구관 쪽은 지금 백남빌딩이 서 있어 옛날 모습이 없어졌지만, 그때는 개천이 흐르고 허름한 학교 뒷문이 있었다. 수험생들은 구관으로 들어가고 문 앞에는 아이들을 지켜보려는 학부형들로 인산인해를 이루어 다리 놓을 틈도 없이 모여서 있었다. 마침 수험생들 틈에서 딸아이 얼굴이 보이기에 나는

　　"배치고사 치는 기분으로 시험 잘 치래이!"

하고 큰 소리로 외쳤다. 그대로 지나가면 되는데 나를 힐끗 본 아이는

　　"엄마는 경상도 말 하지 말라니까……"

라고 대꾸했다. 옆에 서 있던 학부형들 모두 웃었다. 나도 따라

웃었지만 무안하기도 하여 긴장도 풀 겸, 바로 옆에 있는 고구려 다방으로 들어가 커피 한 잔 마시고 나서 회사로 일하러 갔다. 그 당시 서대문 일대에 다방이 많았지만 커피 맛은 고구려다방이 최고였다. 독립문과 서대문 로터리 근처에서 30년 가까이 살았던 나는 그 일대 어디에 무엇이 있는지 훤히 알고 거리를 휘젓고 다녔다. 그로부터 몇 십 년 후 서울에 돌아가보니 거리와 건물이 변한 것은 둘째 치고, 나에게 결정적인 변화는 서울 시내에서 다방이 자취를 감추었다는 것이다.

친구 영화인들을 만날 때, 속상한 일이 있을 때, 중요한 결정을 앞두고 있을 때 나는 일단 다방에 들어가 조용한 구석 자리에 앉아 커피를 마시고 담배를 피웠다. 우단으로 덮개를 씌운 의자들은 높이가 낮아 앉아 있기에 딱 알맞았고, 복잡스러운 거리와 사람들을 피해 들어와 잠시나마 조용한 공간을 가질 수 있는 곳이 다방이었다. 버스 정류장 앞이나 시내 아무 로터리에서 고개만 돌리면 항상 볼 수 있었던 다방들이었기에 몇 해 전 서울의 거리에서 지하철이다 뭐다 해서 혼이 빠진 나는 우선 다방을 찾아 들어가 정신을 차리고 싶었다. 사방 천지를 둘러보아도 다방다운 장소는 보이지 않았다. '뭐, 곧 나오겠지.' 별로 걱정하지 않고 조금 더 걸어가보았다. 그래도 안 보였다. 이상하다 생각하며 조금 더 걸어가보았다.

그날 결국 다방이라는 곳 근처에도 가보지 못하고 다리는 아프고 목도 마른 상태로 숙소인 남동생 집으로 돌아왔다. 실망스러웠고 화도 났다. 나중에 조카들이 알려준 말은 요즈음 사람들은 다방에 가지 않고 카페에 간다나? 그 카페라는 곳이 나에게는 도대체 불편하기 짝이 없었다. 왜 그렇게 시끄럽고 의자들은 높으며 실내장식은 들떠 있는지. 수십 년 전 그 시절, 다방은 나에게 최고의 휴식처였고, 서대문 고구려다방은 나의 단골집 중 하나였다.

딸아이의 중학교 입학시험이 있은 후로는 매일매일이 조바심이었다. 며칠 후 점심시간에 들은 소식은 병원 집 조카와 서울중학교를 시험 본 출판사 집 조카가 떨어졌다는 것이다. 두 아이 다 공부를 잘했는데 떨어졌다는 것이 뜻밖이었고 그러니 나는 더 걱정이 되었다. 일이 손에 안 잡히고 안절부절못하고 있는데 오후에 소식이 왔다. 이화에서 불어 선생으로 근무하던 불문학자 오징자로부터 내 딸이 합격했다는 기쁜 소식이었다. 나는 꿈인지 생시인지 너무 좋아서 또 일이 손에 안 잡혔다. 시간이 어떻게 흘렀는지 밤일을 하다가 8시경 먼저 퇴근했다. 환희에 가득 차 어두운 골목길을 걸어 집으로 가는 내 발은 땅에 닿지도 않고 허공을 나는 듯하였다. 대문을 열고 들어가니 엄마가 신발도 신지 않고 마당으로 내려오면서

"아이구, 잘했다! 우리 경주 장하다!"

하였다. 나는 대답으로

"조카들이 떨어져서 좋아할 수도 없고……"

하니 엄마는

"뭐라 카노! 경주만 돼도 나는 춤을 추고 싶구마"

한다. 내 손에 들고 있던 핸드백을 마당에 던지면서 엄마는 내

위 이화여중 다니던 딸과.

아래 1968년 이화여중 교정에서 3대가 함께.

손을 잡고 덩실덩실 춤추는 시늉을 하면서 그렇게 기뻐했다. 어두웠지만 달이 유난히 밝은 밤이었다. 달빛에 보았던 기뻐하던 엄마의 주름진 얼굴이 지금 떠오르니 눈물이 난다. 그렇게 좋아하던 엄마는 지금 어디에…… 열 남매 잘 키우고 그 손자들까지 돌보던 그 부지런한 일손을 놓고 지금 편안히 계시겠지. 엄마를 보고 싶은 충동이 솟구친다.

❖

1965년이었나? 출판사로 청와대 인쇄물이 들어왔다. 동아에서는 그 조금 전에 서울대학교 윤동석 교수의 『알기 쉬운 철강공업』이라는 양서를 출판했었는데, 그 책을 본 청와대는 동아출판사 사장을 불렀다. 사장이며 나의 형부이기도 한 김상문 사장은 박정희 대통령의 대구사범학교 선배가 된다. 대통령은 육영수 영부인과 함께 미국, 독일, 동남아, 호주 등 각국을 순방했다. 그 순방 사진을 동아에서는 책으로 만들어내게 되었고 『붕정鵬程 칠만리』라는 독일 방문 책은 3판까지 찍었다. 고국을 떠나 이국 만 리, 말도 풍속도 생소한 독일 땅에서 고생하는 간호사, 광부 들 앞에서 "나라가 못살아서 여러분들을 이 먼 곳에 와서 고생시킨다"라며 눈물을 흘린 대통령의 연설에 모여 있던 광부, 간호사 모두 눈물바다가 되었다는 일화는 지금도 전해지고 있다. 순방 책 시리즈에는 『미국 순방기』, 그리고 1966년에 나온 『동남아에 심은 한국』 『동남아 순방기』가 있었다. 독일 방문기인 예의

『붕정 칠만리』는 1965년이었다고 기억한다. 그리고 1968년에는 호주, 뉴질랜드 방문기인 『대양주로 뻗는 한국』이 나왔다. 이 청와대 책들은 관리과 입회하에 몇백 권씩 제본소에서 청와대 차로 실려 갔다. 그런데 육여사용 30권은 꼭 관리과에서 내가 한 번 점검하고 출고했다. 영부인 사진이 핀트가 안 맞는가 제본이 잘못되었나 하나하나 그 30권을 10분 내로 다 훑어보고 포장을 한다. 젊었을 때의 나의 번개 같은 작업이었다. 책을 들고 나가보니 청와대 차가 수위실 앞에 있는데 운전사는 화장실에 갔는지 운전대에 사람이 안 보였다. 그 대신 젊은 아이가 차 뒤쪽에 다리를 올리고 또 한 놈은 올라가려는 것을 본 나는 소리 질렀다.

"뭐 하노? 느그들 누고?"

내 소리에 놀라 대답했다.

"노조예요."

"뭐? 노조? 노조하고 청와대 차하고 무슨 관계야? 들어가!"

그들은 비실비실 오프셋과로, 인쇄과로 들어갔다. 오프셋과 인쇄과는 건물 1층 쪽에 있었다. 노조가 동아에도 생겼나? 금시초문이었다.

1960년, 내가 동경 영화제에 갔을 때 시내에서 까꾸랭이^{갈퀴의} ^{사투리} 같은 것을 들고 철모를 쓴 사람들이 무언가 외치면서 무수히 지나가는 것을 보았다. 일본 사람에게 물어보니 어느 철강 회사 노조가 데모 행진을 한다고 했다.

1965년 동아출판사에도 노조가 있었으나 그 이후 노조 데모로 인해 일이 중단되고 하던 시국에도 동아에서는 노조 투쟁이

위   동아출판사 재직 당시의 모습.

아래   재직 시절 황려희와.

일절 없었다. 물론 옛날이야기이고, 아마도 노조와 회사가 타협을 잘했던 것 같다. 요사이 텔레비전에서 무슨 회사, 무슨 병원, 무슨 학부형 하며 빨간 띠를 두르고 옥외로 나와서 외치며 데모하는 모습을 보면 나는 이해하기가 힘들다.

　오래 살다 보니 이해하기 힘든 일이 많다. 세계 일곱 가지의 불가사의는 제외하고라도. 첫째는 우리나라 사람들의 툭 하면 빨간 띠 두르고 결사반대하는 모습이다. 둘째는 미국 사람들이 살인을 하고 은행을 터는 등 실컷 범죄행위를 저지른 후 법정에 서면 모두 갑자기 정신이상이라고 주장하는 것이다. 자신의 아이들 다섯 명을 목욕탕에 빠트려 죽인 후 법정에서 모조리 무죄라고 일단 우긴다. 셋째는 한국동란으로 부자가 된 나라 일본은 왜 경기가 좋을 때, 우리나라, 중국, 필리핀 등지의 과거 정신대 아주머니들이 아직 살아 있을 때 사과하고 금전적 보상을 하지 않나? 넷째는 미국은 넓고 나무도 많다. 산불이 나면 무섭게 번져가는데 며칠째 쪼끄마한 잠자리 비행기 같은 것만 떠서 물을 뿌리는 둥 마는 둥 하다가 그 넓은 산을 반이나 태운 후에나 진화가 된다. 아버지 부시가 이라크를 칠 때, 아들 부시가 아프가니스탄을 칠 때 보면 최신형 무기로 공격하면서, 산불이 나면 좀 더 많은 비행기를 동원해서 몇 시간 내 진화할 수는 없는 걸까? 내가 늙어서 그런 건지 여러 가지가 궁금하고 걱정된다.

❖

맹자 어머니가 자식 교육을 위해 세 번 이사했다는 이야기는 우리들이 잘 알고 있다. 아이가 이화여중 2학년 때였을까? 아파트에 살고 싶다고 해서 나는 무리를 해서 이화여중 바로 앞 정동아파트로 이사를 했다. 아파트 창밖으로는 예고 운동장이 넓게 보이고 도심지인데도 그렇게 조용할 수가 없었다. 식구라고는 나와 딸뿐이었고 우리는 1층에 살았다. 우리 바로 윗방은 박순천 여사정치가. 야당 지도자로 활약했다의 손녀가 어머니와 둘이서 살고 있었고 3층에는 〈꼬마 신랑〉의 아역 김정훈이 살고 있었다. 조용하고 편리해서 당분간은 이사를 잘했다고 생각하고 있었다. 그런데 얼마 가지 않아 하루는 딸이 아무 연락도 없이 늦게까지 안 들어왔다. 남의 이목도 있고 수위실을 거쳐야 정동아파트 앞에 나갈 수 있으니 눈치가 보였다. 두리번거리면서 밖으로 나가 기다리기를 두세 번. 소파를 둔 자리에서는 아파트 방문이 바로 보이니까 거기 앉아 기다리다 살금 잠이 들었다. 몇 시쯤 되었을까? 문소리가 나서 벌떡 일어나니 아이가 친구와 둘이서 들어왔다. 친구와 있으니 잔소리도 못하고 넘어가야 했다. 그 친구는 먼 동네 사는 아이라서 그날 우리 집에서 자려고 같이 들어왔는데, 클리프 리처드라는 영국 가수가 이화여대 강당에서 공연을 했는데 미리 말도 않고 갔던 모양. 그 클리프 리처드라는 녀석 때문에 그날 밤 이후 삼십수 년간, 소파에 누워야 잠이 오고 삼단 요나 침대에서는 일절 잠이 오지 않는 이상한 습관이 생겼다.

정동아파트 근처에는 깨끗한 분식점, 예쁜 빵집, 음악 감상실 등 어린 학생들이 좋아할 만한 가게들이 많이 있었다. 나는 학교 근처로 이사 오기를 잘했구나 하며 은근히 흐뭇해하고 있었는데, 골목 바로 입구에 문화방송국^{MBC}이 있다는 사실을 까맣게 잊었다. 학교가 끝나면 아이는 친한 친구 몇 명과 간섭할 어른이 없는 우리 아파트에 모여 기타 치며 노래 부르고 분식집에도 몰려다니며 희희낙락한 나날을 보내는 듯했다. 그 친구들은 학교가 끝나도 집에 가지 않고 매일 그렇게 모여 놀며 공부보다는 다른 데에 관심이 쏠리는 나이였다. 그 당시 라디오 방송의 디제이 이종환의 인기는 대단했다. 딸은 라디오로 음악 듣는 일에 심취하여 공부는 안중에 없는 듯하였다. 사춘기라 마음이 콩밭에 가 있었을 수도 있지만, 나는 내가 맹자 어머니 흉내를 잘못 내었나 하며 걱정하기 시작했다.

하루는 동네에서 사건이 일어났다. 정동아파트와 문화방송국 사이 길가에서 한 남자가 가수 김추자의 얼굴에 청산가리를 뿌린 사건이었다.^{실제는 깨진 소주병으로 얼굴을 공격한 사건.} 신중현 밴드와 더불어 그녀의 인기는 한창 절정이었다. 1년 반쯤 전에 출판사 앞에 있는 서대문극장에서 쇼가 있어 밤일을 하다가 나애심을 만나러 간 적이 있었다. 입구에 들어가니 한 젊은 여자가 쏜살같이 극장 계단을 뛰어 올라가면서 "늦어서 미안해요!" 한다. 수밀도 복숭아같이 포동포동한 얼굴은 무대에서 〈월남에서 돌아온 김 상사〉를 부르던 김추자였다. 창법도 특이하고 율동도 잘하고 하여 내가 좋아하는 드문 가수였다. 그녀가 당한 참사가 마치 나의 일인 듯 가슴이 아파 한동안은 그 지점을 지날 때마다 한참 서 있곤 하였다.

사실 나는 오랫동안 가수 현미의 열렬한 팬이었다. 그녀의 노래를 듣고 있으면 속이 다 시원했다. 팬레터도 많이 보냈다. 어느 날 일이 바빠 정신없는 나에게 사장실에서 호출이 왔다. 무슨 일일까 하며 올라가보니 사장실에는 놀랍게도 가수 현미 일행이 와 있었다. 사장실 벽에는 『세계대관』 『가정의학』 이러한 월부 책들의 선전 포스터가 붙어 있어 내 생각이 난 현미가 사장에게 이야기한 모양이다. 나는 팬레터도 많이 썼지만, 책이 나올 때마다 아르바이트하는 황군을 시켜 원남동인가에 있던 현미 집에다 보내주기도 했다. 사장실에서 나를 소개받은 현미는 깜짝 놀라며

"박선생이 남자분 아니세요?"

하며 그녀 특유의 호탕한 웃음을 웃었다. 사장실은 웃음바다가 되었다. 내가 보낸 편지의 글씨체가 남자 같아서 이 선생(이봉조)과 자기는 나를 남자로 생각했다는 것이다. 어찌 되었든 그 일행은 그날 서대문경찰서를 시찰 왔다가 바로 옆에 유명한 출판사가 있다고 해서 경관의 인솔로 동아에 구경 온 것이었다.

출판사는 참고서 외에도 규모가 큰 월부 책들이 줄줄이 나와 일이 많아지고 나는 더 바빠졌다. 일이 끝나고 아파트에 돌아가면 아이는 예의 그 친구들과 모여 놀고 있다. 방송국이 집 가까이 있어 아이들을 더 들뜨게 하는지도 모르겠다. 공부도 잘하고 그림도 잘 그리고 노래도 잘하는 딸은 그때까지 잘 커주었는데, 아무래도 이사를 잘못한 것 같았다. 딸은 출판사의 『펜습자 교본』이라는 한자 쓰기 연습 책자의 표지 모델로 나온 적이 있었다. 표지 모델이 없어 급히 모델 노릇을 하였는데 나오기가 무섭

박남옥

게 20만 부, 30만 부 발송이 되었다. 그런데 이화 교복을 입고 표지 사진을 찍는 바람에 이화여중 학교 배지가 그대로 나와 배지 없이 새로 찍어야 하는 소동도 벌어졌다.

동아에서 만든 '대입 객관식 시리즈'는 열두 종류인데 100만 부도 넘게 팔렸다. 책이 많이 나올수록 관리과는 주야로 바쁘다. 나는 젊고 건강했고 회사도 형부의 회사이니 가족의 일이라 더욱 신나게 일을 해댔다. 아니, 미친 듯이 해댔다. 손가락 마디마디에 군은살이 배기고 겨울에는 동상이 걸렸지만, 아버지가 원하시는 일이었고 영화할 때 물심양면으로 고생시킨 부모에게 효도할 기회를 주는 동아출판사 관리과 일은 나에게 천직이었다. 일단 옳다고 생각하면 무슨 일이든 앞만 보고 돌진하는 내 성격에 해도 해도 끝이 없는 그 일들을 나는 아무 회의 없이 했다. 그러나 가정생활과 직장 생활을 양립하기 힘들다는 것은 차차 알게 되었다. 그것은 예술과 가정생활을 양립하기 힘든 것과 마찬가지였다. 출판사에서는 『한한대사전』 『가정의학사전』 『세계대관』 상하권, 『가정생활백과』 상하권 등의 월부 책들이 쏟아져 나오고 있었다. 20명 이상의 외판 판매원을 모집했다. 외판하고 수금하여 회사에 입금한 후 남는 돈이 그들에게 떨어지는 수입이었는데 이 수입이 상당히 많았다. 그때 외판원 중 김 여사라는 중년 아주머니가 성적이 제일 좋았다. 나 자신도 관리과 일을 보는 이외에 아르바이트생인 얌전한 황 군을 시켜 제법 많이 팔았는데, 나에게도 부수입이 되었고 황 군에게도 도움이 되었다. 황 군은 낮에는 외판 일을 하고 밤이면 야간대학을 다녀 그 수입으로

위   동아출판사 『펜습자 교본』 표지로 쓴 딸의 사진.

아래   이화여고생인 딸과 지하철을 나오며.

졸업까지 했다.

❖

아파트에 이사 온 지도 어언 2년 가까이 될 무렵, 서대문 냉천
동 어느 교회 옆에 단독주택을 전세 내어 이사 갔다. 그 집은 방
이 많았고 심지어는 창고방도 있었다. 사업에 실패한 여동생네
가족과 함께 살기 위해서였는데, 나와 딸, 여동생 내외와 그 집
아이 네 명, 모두 여덟 식구가 살게 되었다. 이렇게 하여 혼자 커
가던 내 딸은 오랜만에 가족적인 분위기의 생활을 시작하게 된
다.

그해는 이상하게도 비가 많이 왔다. 비 오는 어느 날 몸이 안
좋아 3시경 퇴근하고 집으로 갔다. 아파트가 아닌 한국식 온돌
방에서 푹 쉬고 싶었다. 나는 직장 일로 과로하고 있었고 아무
의미도 없는 일상생활에 지쳐 신경이 무척 날카로워져 있었다.

1960년대 말까지만 해도 충무로에 나가면 아는 사람도 많았
다. 길가에서 현미도 만나고 또 누구도 만나 맥주도 마셨다. 2층
인 청동다방에 가면 앉을 자리도 없는데 담배 연기만 자욱하다.
구석 자리에는 유현목 감독이 서울대 미대생인 박근자 양과 속
삭이며 앉아 있곤 했다. 그 후 결혼한 이 둘은 지금까지도 금슬
좋게 살고 있다. 부산 피난 시절 처음 만난 유 감독은 소주가 들
어가기 전에는 말도 제대로 하지 못하는 수줍은 청년이었다. 내
가 〈시네마 팬〉 영화잡지 할 때였으니까 벌써 사십수 년 전 일

이다. 박근자 양이 그때 들고 다니던 예술적인 도안을 염색한 큰 가방을 나는 지금도 떠올릴 수 있다.

또 하루는 친구와 만나기로 약속한 경음악실 다방의 문을 여니 일제히 문 쪽을 쳐다보던 젊은 얼굴들. 이에리사, 정현숙, 송창식, 김세환, 윤형주, 양희은 들이었다. 사라예보 탁구 개선 파티를 하고 있는 모양이다. 그때 그들의 젊은 얼굴들을 아직도 잊지 못한다.

최은희가 처음 출연한 영화 〈새로운 맹서〉의 남대문 세트 촬영의 기록을 보러 갈 때 마침 집에서 부친 돈을 받아 새 구두를 사 신고 발걸음도 가볍게 걸어갔던 충무로. 그 이전, 그러니까 지금부터 65년 전, 전국체전에 투포환으로 우승하고 돌아오다 복혜숙 씨를 만나보게 된 충무로.

그러나 그 이후 나는 충무로를 떠났다. 나를 알아볼 친구 하나 없는 지금의 충무로는 여전히 영화인의 메카지만, 웬 가게들은 즐비하게 많이도 들어섰고 젊은 인파가 몰려다닌다. 늙은 나에게는 자극이 너무 심한 거리 풍경이다. 영영 나는 충무로를, 충무로는 나를 버린 셈이다.

젊은 날의 충무로는 떠났지만 출판사에서 직장 생활 할 때에도 영화와 거리가 멀어지진 않았다. 영화인들이 놀러 와서 만나기도 하고 홍은원 감독과 김신재와는 자주 만나 영화도 보고 시간 나면 촬영 현장도 가보곤 했다. 신성일, 엄앵란이 결혼하기 전, 출판사 건물에 영화 촬영차 온 적이 있었다. 촬영은 건물 옥상에서 있었는데, 허다한 건물도 많건만 어떻게 동아의 건물로 정하게 되었는지. 정진우 감독의 〈목마른 나무들〉이었다. 그날은 관리과 일은 제쳐놓고 옥상에서 정 감독, 조명 기사 고해진 그리고 출연자들과 즐거운 하루를 보냈다. 때로는 촬영 현장에서 홍 감독이 연락을 보내온다. 그러면 나는 일이 끝나자마자 어김없이 달려간다.

출판사 둘째 언니네 집은 사직공원 옆에 있었다. 집이라기보다는 사실 저택이라고 부르는지도 모르겠다. 그 저택에서 한번은 영화 촬영이 있어 달려가보니 신영균이 열연하고 있었다. 언니네는 그 후 녹번동으로 이사 갔는데, 그 집도 역시 저택 수준이었다. 거기서는 두 조의 촬영이 있었다. 한번은 변 감독의 영화로 고은아가 주연이었다. 녹번동 언니 집은 사유지 소나무밭 300평을 합해 1700평의 아름다운 마당을 가진 대저택이었다. 산수유를 비롯해 이름 모를 큰 나무들에 꽃이 필 때면 정말 절경이었다. 파란 잔디에 연못에는 잉어가 헤엄치고 있다. 사유지 아래 사과밭에는 후지 사과가 주렁주렁 열린다. 사과밭 아래에는 배추밭이고 그 옆은 파밭이 있다. 배추밭에서 나는 배추는 몇 집의 김장을 하고도 남았다. 마당 관리를 맡아 하던 땅딸막한 김씨 아저씨가 리어카에 배추를 싣고 길 건너 있던 우리 집으로 오는 날은 엄마에게는 최고로 즐거운 날이다. 입맛이 없다는 둥 하던 엄마도 비료 없이 키운 그 배추로 무친 생재래기^{겉절이의 경상도 사투리} 하나면 갔던 식욕이 돌아온다. 언니네 저택은 길 건너 있고 우리 집에는 부모, 독신인 남동생 상기와 여동생 봉수, 일 도와주던 처녀 향란이, 나와 딸아이가 살았다. 그뿐 아니라 버스로

〈목마른 나무들〉 촬영차 동아출판사를 방문한 엄앵란.

한 정거장만 불광동 쪽으로 올라가면 이비인후과 의사와 결혼한 여동생 봉조의 집이 있었다. 언니는 형부가 출근하고 나면 길 건너 우리 집으로 마실 오곤 했다. 다른 형제자매들도 이런저런 음식을 들고 자주 들렀고, 서울에서 살면서도 옛날 고향에서의 생활을 유지하던 그때는 참 행복했다. 나는 지금도 가을이면 수십 그루의 감나무에 빨간 감이 열린 풍경을 꿈에 본다. 서울 시내 어느 집 마당보다 녹번동 언니네 마당을 나는 사랑했다.

❖

영화를 한다고 서울, 대구, 부산 등을 동에 번쩍, 서에 번쩍 하던 생활은 기억의 한 창고에다 꼭꼭 넣어둔 채, 나는 생활을 위해 일을 하고 돈을 벌고 돈을 쓰고 하며 살고 있었다. 어느 해 몹시 더운 여름날, 땀을 뻘뻘 흘리면서 일을 하고 있자니 난데없는 전화가 왔다. 남동생의 한 해 후배인 M 군이었다.

"내일 누님이 좋아하시는 불란서 자닌 샤라 Janine Charrat 발레 공연이 이화여대 강당에서 있어요. 제가 피아노 반주를 하는데 누님, 꼭 오실 거죠?"

일이 끝나고 미장원에 가서 머리를 했다. 이튿날 점심시간을 이용하여 택시를 타고 급히 공연장으로 갔다. 한참 있으니 M 군이 분장실에서 자닌 샤라를 데리고 나와서 나에게 인사를 시켰다. 나는 가지고 갔던 귀중품을 열어 그녀에게 보여주었다. 그것은 그녀가 나왔던 영화 〈백조의 죽음 La mort du Cygne〉과 다른 한

편의 영화 스틸 사진들을 잔뜩 붙여놓은 스크랩북이었는데, 보여준 것뿐 아니라 아예 그녀에게 선물로 주었다. 그리고 악수를 하였는데, 그녀의 손목이 너무나 가늘어서 무척 놀랐다. 중노동을 하는 내 손목에 비하니 나랑 악수하다가 부러질까 염려되었다. 서울 공연 후 파리로 돌아간 그녀는 멋진 선물을 나에게 보내왔다. 멋지게 사인을 한 큰 사진과 함께 고맙다는 편지였다. "세계 어느 나라 공연에서도 당신같이 내가 어릴 때의 영화 스틸 스크랩북을 준 사람은 없었습니다. 정말 감사합니다" 하는 내용이었다.

지금 젊은 사람들은 〈백조의 죽음〉이라는 영화를 잘 모르리라. 일본의 태평양전쟁 직후 들어왔던 영국의 발레 영화 〈분홍신 The Red Shoes〉과 쌍벽을 이루는 〈백조의 죽음〉은 우리에게 아름다운 꿈을 주는 영화였다. 내가 이 영화를 본 것은 대구의 송죽극장이었는데, 열 번 정도 보았다. 노트에다 자막을 일일이 베껴 나 나름대로의 시나리오도 만들어놓는 등 심취하였는데 어찌 된 일인지 지금은 영화 줄거리가 도무지 생각나지 않는다. 한편 〈분홍신〉의 주인공이었던 모이라 시어러는 배우 뺨칠 정도로 얼굴이 예뻤는데, 몇 해 전 그녀의 소식을 신문에서 보았다. 미국 동부 어느 큰 목장에서 작가 남편인 루도빅 케네디가 먼저 죽고 그녀도 죽었다는 기사였으며 신문 사진에서 본 그녀는 여전히 아름다운 자태였다. 손목이 그렇게도 가늘었던 〈백조의 죽음〉 자닌 샤라도 물론 죽었겠지. 젊은 날 그 발레 영화를 그렇게 사랑했던 나만 아직 살아 있는가.

녹번동 집 정원에서 둘째 언니와.

그 공연에서 피아노 반주를 맡았던 M 군은 남동생 상기의 서울 음대 후배였다. 6·25 때 동생은 노상에서 문화공작대라는 빨갱이 단체에 납치되어 북한 선천까지 도보로 끌려갔었다. 어느 날 밤을 이용해 치대 다니던 친구와 죽기 아니면 살기로 탈출을 감행한다. 가다가 인민군 낙오병이나 국군 선발대를 만나면 총대로 무수히 얻어맞으며 끌려간 지 5개월 며칠 만에 상처투성이가 되어 서울로 살아 돌아왔다. 그때 인민군이 서울로 쳐들어왔을 때 빠져나갈 기회를 놓친 M 군은 가까스로 서울을 빠져나간 후 포항에 혼자 사는 아버지에게 가는데, 4개월 이상 죽을 고생을 했다고 한다. 가다가 인민군에게 붙들리면 끌려다니며 잡일을 하면서 얻어맞고, 겨우 도망치면 이번에는 빨갱이 부역자라며 군중들에게 얻어맞고, 그것도 모자라 국군한테는 인민군이라고 체포되어 총살 직전까지 가기도 했다. 이런 절차를 수없이 반복하며 서울에서 포항까지 가는데 그렇게 오래 걸리고 목숨은 몇 번 왔다 갔다 했다. 10년 전 남동생이 미국에 여행 왔을 때 지금은 캐나다 밴쿠버에 살고 있는 M 군을 몇 십 년 만에 만나 지난 날 고생한 이야기를 하며 밤새 둘이서 술을 마셨다고 한다. 민족의 비극인 한국동란은 영화의 한 구절같이 흘러간 이야기이고 전쟁 때 젊은이였던 동생과 M 군은 벌써 일흔이 넘었으니, 세월은 참 많이도 흘렀다.

❖

박남옥

1960년대의 어느 해, 장마철이 지났는데도 그날은 천둥 번개까지 치면서 앞이 안 보일 정도로 폭우가 쏟아졌다. 일요일이었다. 2학기가 다가오니 참고서의 출고가 많았고 월부 책 판매원 때문에 밤늦게까지 일하던 때였다. 비가 너무 쏟아져 길 가던 사람도 없고 일하는 데도 지장이 있었다. 11시쯤 친구가 찾아왔다. 그날은 곗날이었는데, 내가 참석을 못하니 곗돈을 받으러 온 것이다.

"이런 날은 계 만남을 며칠 연기해도 되는데. 정말 가기 싫은 날이네."

친구는 커피 한잔 마신 후 억지로 발걸음을 옮겼다. 관리과 책 들어오고 나가는 곳은 본사 건물 안이 아니고 건물 앞에 지은 가건물인데 넓은 창고 같은 곳이었다. 그 안에서 우리는 선풍기를 틀어놓고 라디오를 들으면서 책과 먼지에 파묻혀서 작업을 한다. 갑자기 "탕!" 하더니 라디오가 툭 꺼져버렸다. 비가 많이 와서 그런가? 전기도 나가고 선풍기 바람도 사라지고, 순간적으로 폭우가 아니라는 생각이 들자 무언가 이상한 공포감이 들었다. 비가 오고 어두우니 모두들 긴 점심시간 동안 일손을 놓고 있는데 곧 라디오에서 방송이 흘러나왔다. 8월 15일 건국의 날 행사에서 총에 맞은 영부인 육 여사의 참사 뉴스였다. 미개국에서나 일어나는 일이었다. 대통령 내외가 참석하는 행사장의 경비와 검색이 그렇게 허술했단 말인가. 현재 미국은 2001년 9·11 테러 참사 이후 공항, 공연 장소 등 모든 곳에서 검문, 검색이 철저하게 진행되고 있다. 비는 종일 쏟아지고 나는 충격에 쌓여 말이 안 나왔다. 몇 해 전 동아에서 대통령 내외의 순방 화보집을 찍어낼 때 특별히 육 여사에게 보내는 30권을 10분 안에 훑어보던 내 작업 실력이 떠올랐다. 한 권 책 속에 육 여사가 나오는 장면은 네댓 군데 되는데 그 훑어보는 작업이 나에게는 큰 기쁨이었다. 그 기쁨이 산산조각이 났고 내 생애의 기억 중 슬픈 기억의 하나가 되었다.

❖

나는 지금까지 극장에서 영화를 얼마나 보았을까? 대구와 서울에서 극장 입장료로 쓴 돈을 합치면 능히 고급 단독주택 한 채쯤 살 수 있을 만큼의 금액이 되지 않을까? 주택은 사지 못했지만 머릿속에 남은 것은 수많은 인상 깊은 영화들, 아름다운 배우들 그리고 젊은 날의 열정이다. 마치 젊은 날 내가 투자해놓은 노후 대책처럼 말이다. 몸은 늙었지만 마음은 옛날 젊었던 그 시절로 돌아간다. 하늘에 별이 많은 것과 같이 지상에도 수많은 매혹적인 스타들이 있었다. 그들 중 태반은 늙어 저세상 사람들이 되었지만 그 인상은 아직 내 마음에 생생하게 살아 있다. 감명 깊은 영화도 많았고 좋아하는 배우도 많았다. 천연색 영화가 막 나올 무렵, 내가 좋아하는 로레타 영이 나오는 〈라모나 Ramona〉(1936)가 있었다. 그리고 몇 편의 미국 영화를 보다가 일본 전쟁 후 해방하고서야 〈바람과 함께 사라지다〉 같은 본격적인 천연색 영화들이 나왔다. 일제시대 중에는 일본 영화를 많이

박남옥

보았고 여학교 졸업 후로는 불란서, 이태리, 영국 영화들에 심취하였다. 이태리 여배우인 안나 마냐니는 연기파로서 〈무방비 도시〉에 나왔고, 미국 와서 주연한 영화로는 〈장미 문신〉이 있다. 1950년대의 다른 이태리 영화인 〈길〉에 나온 줄리에타 마시나와 쌍벽을 이루는 연기파가 아닌가 한다. 〈초대받지 않은 손님〉〈황금 연못〉 등의 캐서린 헵번은 미국의 연기파 배우인 동시에 심리학 박사라고도 한다. 지금 93세라고 하니 옛날의 날카롭고 지적인 모습도 이제는 많이 변했겠지.

메릴린 먼로의 영화는 1950년도 〈아스팔트 정글〉부터 안 본 영화가 없고 내가 무척 좋아한 배우 잉그리드 버그먼의 영화도 그녀가 이태리 가서 출연한 영화 외에는 다 보았다. 펄 벅 여사의 걸작 『대지』는 1937년 시드니 프랭클린 감독이 영화화했다. 주연한 폴 무니와 루이제 라이너는 중국 사람 이상으로 중국 사람 같았다. 그 역으로 라이너는 두 번째의 오스카 여우주연상을 수상했다. 나는 〈대지〉 중에서 이런 장면을 자주 꿈에 본다. 그 광대한 땅에 빈곤과 자연재해 속에서 열심히 살아가는 중국 농민 부부의 모습과 메뚜기 떼가 하늘을 새카맣게 덮으면서 날아가는 장면이다.

영화광이라면 누구나 기본이겠지만 나도 좋아하는 영화는 보통 두세 번 보고 다섯 번, 열 번 보게 되는 영화도 있다. 그중 1936년 독일 기록영화 〈민족의 제전〉은 스무 번쯤 본 것 같다. 미국 이민 와서 얼마 되지 않았을 때 미국 텔레비전에서 방영하는 것을 네 번 정도 보았던 것 같다. 미국 텔레비전에서는 구라파 영화를 보기가 힘들었는데, 아니 거의 방영하지 않는다고 해도 과장이 아닌데, 뜻밖이었다. 기록영화나 극영화 이상의 감동을 주는 영화다. 히틀러가 이 영화에 얼마나 힘을 쏟았기에 일개 배우이던 레니 리펜슈탈이 이런 걸작을 만들어내었을까. 15년 전, 구라파 여행을 하면서 베를린에 있는 이 올림픽 경기장에 가보았다. 텅 빈 경기장의 낡은 의자에 친구와 둘이 앉아 옛날을 생각했다. 독일 선수가 릴레이 도중 배턴을 떨어트리니 히틀러가 깜짝 놀라 고함지르는 장면, 미국 단거리 선수 오언스가 출발 전 머리를 갸우뚱하는 모습, 그리고 마라톤에 우리 손기정 선수가 기착점 가까이 모퉁이를 돌아 달려오는 모습…… 관중도, 심지어는 히틀러마저도 배우 이상이었다. 우리 손기정 선수가 일본 선수로 출전해야 했던 비극도 이 영화에 담겨 있다. 낡은 경기장 의자에 앉아 60년 전 펼쳐졌을 장면들을 한없이 연상해보았다.

국민학교 6학년 때 문방구에서 김유영 감독의 〈수선화〉라는 영화의 브로마이드를 사서 김신재라는 코스모스 같은 자태의 배우를 연모하면서 영화에 미쳐 평생을 고생하고 살았지만, 여러 나라의 수많은 영화들을 지금 머릿속에 차곡차곡 간직하면서 회상하는 즐거움은 타인들은 모를 거다. 〈수선화〉는 브로마이드만 손에 얻었고 영화 자체는 결국 볼 기회가 없었다. 영화 덕에 즐겁게 늙어가는 나의 나날을 보면 젊은 날 무수히 극장 출입을 하며 투자한 것은 잘한 것 같다.

❖

1970년이 오기 전 어느 여름날, 아버지는 중풍으로 쓰러졌다. 우리가 살던 옥천동 집 주소로 가끔 사위들 앞으로 가는 편지나 고지서 등이 잘못 배달될 때가 있었다. 둘째 사위인 출판사 사장 형부 앞으로 가는 편지라면 내가 출근할 때 사장실로 전하면 되고 셋째 사위인 불광동 이비인후과로 가야 할 편지 같은 것은 날 잡아서 아버지가 손수 버스를 타고 갖다 주기도 한다.

"아이고, 아버지, 잘 오셨네예. 좋아하시는 냉면 드시고 가이소."

마침 여동생이 아버지와 마주쳐 골목 안의 불광정으로 인도하려니까

"아침을 늦게 먹어서……"

하셨다고 한다. 아버지는 자식들에게도 사위들에게도 폐 끼치는 것을 싫어하는 사람이었다.

버스를 타고 서대문까지 오니 옥천동 들어가는 입구에 약방이 있고 그 앞 나무 의자에 동네 영감님들이 바둑을 두고 있었다.

"박 선생! 한판 두고 가이소!"

남의 말에 거절을 못하는 아버지는 마지못해 앉았다. 몇 판을 두었는지 몸이 안 좋아서 집에 가야겠다고 일어서 서너 발 나서다가 노상에서 쓰러졌다. 영감님들이 급히 부축해서 집으로 모신 후 몇 해나 중풍으로 누워 있게 되었다. 불광정에서 냉면을 잡수고 오셨다면 그렇게 쓰러지지 않았을지도 모른다며 나는 부질없는 생각을 했다. 열 남매 중 막내인 나의 남동생은 얌전하며

어진 성격에 큰 쌍꺼풀과 짙고 긴 속눈썹의 눈이 배우감이다. 술만 마시면 그 큰 눈에서 눈물을 흘리며 운다. "내가 그때 일찍 결혼해서 아버지 내 집에 모시고 시간 나는 대로 아버지 부축해서 보행 연습 시켜드렸으면 중풍이 호전되었을 것을……" 하며.

옥천동 집에서는 좁은 방 하나가 제일 따뜻했기 때문에 우리는 아버지를 그 방에 누워 계시게 했다. 몇 해 뒤, 우리 가족은 녹번동에 100평 땅 위에다 예쁜 양옥을 지어 이사했다. 3층짜리 붉은 벽돌집이었는데, 1층은 부모와 막내 여동생, 2층은 나와 딸아이, 3층은 둘째 남동생 상기가 살았다. 3층에는 탁 트인 넓은 베란다 안으로 남동생의 침실, 화장실이 따로 있었고 화실까지 있었다. 2층에도 화장실과 방 두 개가 있었다. 딸아이는 2층의 창문이 큰 방을 갖게 되었는데, 하얀 화장대를 들여놓는 등 공주같이 방을 꾸며놓고 좋아하는 눈치였다. 그 방 안에서 무엇을 하는지 문을 꽁꽁 닫아놓고 밥 먹을 때만 아래층으로 내려왔다. 1층에는 현대식 주방과 널따란 거실이 있었다. 거실 한쪽 벽면은 전체가 유리창인데 마당을 향하고 있어 차를 마시며 정원을 내다볼 수 있었다.

우리는 아버지를 거실 바로 옆 햇빛 잘 드는 넓은 방에 모셨다. 길 건너에는 둘째 언니가 살고 있었고 첫째, 둘째 여동생 다 가까이 살고 있었고, 막내 여동생은 한집에서 살고 있었기 때문에 대구 살던 큰 언니만 빼고 나머지 딸들은 모두 아버지 가까이 살았다. 우리 딸들은 각자 맡은 바 임무를 정하여 아버지 병수발을 하였다. 예를 들자면 한 여동생은 아버지 손톱 발톱 깎는

아버지 박태섭.

일 담당, 또 한 여동생은 대소변 받아내는 일 담당, 또 한 여동생은 이발 담당, 이런 식으로 매우 민주적이며 효율적으로 아버지를 돌보았다. 내 담당은 쉬웠다. 아버지 머리맡에 있는 과자통에 과자와 담배가 떨어지지 않게 하는 일이었다. 시내에서 집에 들어갈 때면 항상 챙겨 들고 귀가했다.

❖

이화여고를 졸업한 딸을 미국으로 유학을 보낼까 궁리 끝에 내가 먼저 미국 답사부터 해봐야겠다는 결론이 나왔다. 내가 일단 미국을 한번 가서 어떤 나라인지, 어떤 대학 진학 코스가 있는지 직접 귀로 듣고 눈으로 확인하고 싶었다. 1973년 아니면 1974년이었다. 동아출판사 관리과 일이 바빴지만 잠시 제치고 하와이를 거쳐 남동생 홍기가 사는 로스앤젤레스로 가는 비행기에 몸을 실었다. 밤하늘 아래 펼쳐지는 로스앤젤레스의 불빛들은 웅장했고 가도 가도 끝이 없는 듯, 나는 꿈인가 생시인가 하며 감탄했다. 후일 여행 가본 구라파나 일본에도 그렇게 화려한 광경은 없었다. 중풍으로 누워 계시는 아버지 생각에 갑자기 눈물이 났다. 10남매 모두 대학까지 공부시키느라 묵묵히 일만 하시던 아버지. 넓적하고 투박한 손으로 하루 종일 집안일 하느라 5분도 가만히 앉아 있지 않던 엄마. 기껏해야 금강산 구경 가셔서 찍은 두 분의 기념사진은 보았지만, 아버지 엄마에게 이 아름다운 불바다의 경치를 보여드렸으면 하는 마음에 나오는 눈물이었다.

남동생의 도움으로 학교 방문, 입학 관련 정보 등을 알아볼 수 있었다. 학교 직원은 외국인 학생들은 일단 처음에는 영어반에서 1년쯤 공부해야 한다고 설명했다. 좋은 수업 계획이라는 생각이 들었고, 영어와 불어를 잘했던 딸이 외국 유학 생활을 알차게 할 것 같았다. 나는 날아갈 듯이 즐거웠고, 사무적인 일을 다 마친 후 남은 2주 남짓한 기간 동안 요세미티 공원, 샌프란시스코, 디즈니랜드 등을 구경하고 아버지 엄마 선물을 잔뜩 사서 밤하늘 LA 불빛을 뒤로 하고 서울행 비행기에 올랐다.

기내에서 문득 어느 편지 구절이 생각났다. 동아출판사 편집부에 삼십수 년 근무했던 편 여사가 하나 있는 딸이 미국으로 시집가는 길에 따라가보았다. 가서는 나에게 보낸 편지에 "박 선생, 미국이란 나라는 방대합니다. 복된 나라예요, 하느님이 내리신 땅 같아요"라고 적었다. 서대문 출판사 근처 한옥에서 넓은 방 하나에 딸과 함께 세 들어 살던 편 여사는 너무나 검소한 사람이어서 어느 겨울날 초대받아 갔던 나는 그녀의 방에서 뼈가 시릴 정도로 추위에 떨었던 기억이 있다. 그때 내가 40대였고 편 여사는 예순 가까웠으니 지금쯤 이 복된 나라의 동부 땅 어느 묘지에 잠들어 계시겠지.

입학 관련 서류를 가지고 서울에 돌아온 나는 바빠졌다. 문교부, 외무부, 이화여고를 들락날락하며 동분서주하였다. 지성이면 감천이라, 유학 허가가 나왔고 나는 딸을 셋째 남동생이 살고 있는 캘리포니아 주로 보냈다. 딸이 떠나던 날 김포 비행장에는 딸

아버지와 어머니.

의 친구들이 모두 전송을 나왔는데 아직까지도 그 아이들에게 고맙게 생각한다. 전송 나온 딸의 친구들은 남자아이, 여자아이들 해서 모두 열 명 가까이 되었는데, 남자아이들은 모두 그때 유행하던 장발을 늘어뜨리고 있어 사실 여자아이들과 별 차이가 없이 예쁘장했다. 아이들이라고 하지만 그 친구들도 지금은 쉰을 바라보고 있는 다 큰 어른인 것을.

드디어 딸은 떠나고 나는 가족들과 집으로 돌아왔다. 그런데 이상했다. 무엇인가 허전하며 마치 양팔이 떨어져나간 듯 몸의 균형이 잡히지 않았다. 회사에서 종전처럼 열심히 일을 해도, 좋아하는 음식을 마주해도, 퇴근길에 엄마가 좋아하는 찬거리를 사들고 집에 가도 도무지 신이 나지 않았다. 일하다가 사무실 창밖에서 비행기 소리가 들리면 갑자기 눈물이 흘러내렸다. 눈물이 무척 짜다는 것을 나는 그때 알게 되었다. 가자마자 LA 사는 자기 외삼촌과 샌프란시스코 여행을 간 딸은 금문교 근처에서 세련된 모습으로 찍은 사진을 보내왔다. '아, 잘 있구나' 하며 안심하고 있는데, 엄마 심정도 모르는 딸은 "학교에서 선생이 하는 강의 내용을 못 알아듣는 것이 괴로워 바닷가를 거닐면서 죽고 싶기도 하다"라는 철없는 편지도 보내왔다. 이화여고에서 영어를 꽤 잘했지만 강의를 알아듣지는 못하는 모양이었다. 그 당시 서울과 미국 사이에 송금이라는 것은 전혀 가능하지 않았다. 걱정이 된 나는 돈을 싸들고 LA로 갈 궁리를 시작했다.

그리고 새로운 습관 한 가지가 생겼다. 회사에서 퇴근하고 집에 돌아가면 대문을 들어서 옷도 갈아입기 전에 우선 마당에 화초 물을 주고는 돌계단에 앉아 담배 한 대 피우는 습관이다. 제법 넓고 잘 꾸며져 있는 마당에는 포도나무도 있었고 국화도 있었다. 돌계단에 앉아 넋 나간 사람처럼 담배를 피우는데 내가 들어온 건 어떻게 알았는지 엄마가 집에서 급히 나오며

"야, 야! 상추, 배추는 물이 가면 안 된대이. 그라마 잎이 마른다"

한다. 시름에 젖은 내 귀에는 잔소리같이 들린다.

'아니, 상추 배추가 문젠가! 엄마, 내 머릿속은 경주가 낯선 LA에서 고생하고 있나, 삼촌, 외숙모는 잘해주고 있나 하며 걱정이 태산인데……'

나는 몸만 녹번동 집에 있었고 마음은 LA를 헤매고 있었던 것을. 이렇게 힘도 빠지고 꿈도 사라진 일상생활을 이어가고 있었다. 고맙게도 딸의 이화여고 친구들은 대여섯 명씩 팀을 짜서 자주 나를 찾아주었다.

엄마는 또 마당에 나왔다. 내가 꽃을 좋아하듯이 엄마는 상추, 배추가 뾰족뾰족 나오는 것이 그렇게도 대견하고 사랑스러웠는지 자꾸 들여다본다.

나는 그러는 엄마를 보다가 문득 생각나 말했다.

"참, 엄마 천식약 사 왔는데……"

"뭐 할라꼬 또 비싼 돈 주고 사왔노? 인자 사지 마라. 안 나으면 기침하다가 죽지, 뭐."

엄마는 천식이 심했다. 10남매 모두 건강하게 키운 엄마는 옛날 사람치고는 키도 큰 편에 속했고 건강했었는데, 워낙 자기 힘

녹번동 집을 방문한 딸의 친구들.

을 믿고 젊을 때 일을 너무 많이 한 닷일까? 다른 병은 없었지만 천식이 심했다. 거실을 거쳐 누워 계신 아버지 방으로 들어가다 보니까 사오지 말라던 천식약을 엄마는 소중히 냉장고에 넣고는 한 알을 물로 삼키려는 찰나였다. 불란서제, 미제, 각 나라의 천식약은 다 사서 엄마에게 주었는데, 오늘 약은 일제라서 우리 몸에 제일 맞다고 설명해주었었다.

❖

1978년. 동아출판사에서는 『세계대백과사전』을 출판할 계획을 세우고 준비 작업에 들어갔다. 편집부는 많은 인원을 늘리고 특수 인쇄기도 들여놓고 하며 부산을 떨었다. 이때 회사 직원 수가 2400명이었다고 기억한다. 그러한 숫자는 개인 출판사로서는 국내는 물론, 일본에서도 드물었다는 이야기다. 일본은 인쇄의 각 분야를 각기 전문소에서 해결하는 것 같았다. 말하자면, 오프셋인쇄 따로, 조판 따로, 제본 따로, 이렇게 각기 전문소에서 분업 과정을 거쳐 월간 책들이 쏟아져 나온다는 이야기다. 동아에서 추진하는 『세계대백과사전』 같은 수준의 인쇄물은 개인이 아닌 일본 국가에서 취급하는 것 같았다. 반면 동아출판사는 원고가 되면 바로 사내의 모든 부서에서 처리되어 제본, 발송까지 일사천리로 완료되는 시스템이었다. 학기 전이 오면 출판사 전체가 총출동 상태에서 참고서와 월부 책을 찍어내고 덕분에 우리는 매일 밤일이었다. 지금 생각하니 이 시대가 참고서의 전성시대였

박남옥

뜨개질하는 박남옥.

넌 것 같다. 교학사, 문호사, 계몽사 그리고 여러 다른 출판사들. 책들을 짐짝 형태로 서울역으로 발송하는 것은 옛날이야기가 되었고, 동아에서는 8톤 트럭으로 경기도 일대는 물론 대구, 부산까지 직접 발송하였다.

그런데 이 바쁜 와중에 나에게 난데없는 큰 사건이 생겼다. 내용을 말하자면 긴 이야기가 되지만, 내가 어렸을 때 영천에서 아버지 대장간을 맡아 하던 최 석사가 있었다. 성실한 최 석사는 노총각으로 늦게 장가를 들어 줄줄이 아들들과 딸 하나를 낳고 우리 집 근처에서 행복하게 살았다. 그러다 6·25전쟁이 나자 식구는 많고 갖은 고생 끝에 격전지인 다부동 근처에서 자전거로 아이스케키 행상을 하다 그만 쓰러졌다. 대구 동산병원에 실려온 모양인데 풍문 끝에 우리 집 엄마가 3일 후 병원으로 달려갔을 때는 이미 처리가 끝난 후였다. 사람 좋던 최 석사는 그렇게 세상을 뜨고 말았다. 큰아들은 공부를 잘해 대구의과대학을 나와 지금은 미국 디트로이트 병원에서 의학박사로 있다. 얌전한 둘째는 나의 남동생 영기가 고려대학교 야간부를 졸업시켜주었고, 졸업 후 을지로 6가에서 합판 도매상을 10년 이상 잘하고 있었다. 대구의 계성학교 선배들이 인천의 성창기업 주인인 바람에 그 합판을 받아 사업을 이루었던 것이다.

이 이야기는 한국에서 부도내고 미국으로 도망가는 경제사범의 이야기가 된다. 이 둘째 아들이 부도를 내고 3월 31일 가족을 데리고 감쪽같이 한국을 떴다. 이튿날 4월 1일부터 수표가 줄줄이 부도가 나는 것이었다. 비록 합판 도매상이었지만 부도액은 그 당시 돈으로 거의 4억이었고, 내가 관여된 액수는 1억 8000만 원이었다. 그중 4000만 원은 나의 형제와 형제 친척의 돈이었고, 이 일에는 둘째 여동생 봉희도 개입되어 있었다. 나는 1억 4000만 원이라는 액수 앞에서 눈앞이 캄캄해졌다. 관리과 일도, 『세계대백과사전』진행비 염출捻出도 일단 접어두고 20일간의 말미를 얻어 미국으로 떠났다. 최 석사의 아들을 찾아서 만나보겠다는 의도였다. 그 당시만 해도 미국에 이민 간 한국인들이 그렇게 많지는 않을 때였다. 하와이에 사람을 보내보고, LA 일대에 수소문을 해보고 하다가, 시간이 걸릴 것 같아서 급기야는 신문 광고를 크게 냈다. 그러고는 워싱턴에 사는 김신재에게 사정 이야기를 하고 그녀의 아들 후배인 K를 변호사로 선정받았다. 비가 부슬부슬 오는 날, 뉴욕 케네디 공항에 내린 나는 우산을 들고 나온 K 변호사를 만났다. 뉴욕에 도착한 지 사흘째 되던 날 아침에 그놈의 거처를 알아내었다. 뉴저지 주의 어느 중고등학교 근처 이층집에 세 들어 살고 있었다. 뉴저지 주는 부촌이며 나무가 많았다. 한국인도 꽤 살고 있다고 한다. 변호사가 그 집에 들어갔다 나올 때까지 여동생과 나는 이웃집 잔디밭 근처에 숨어 있었는데 이슬에 옷이 흠뻑 젖어버렸다. 해뜨기 전 이른 아침이었던 것이다. 얼마 후 그놈이 힘없이 밑을 보며 천천히 걸어 나오고, 무언가 큰 소리로 조잘대면서 그의 부인도 나왔다. 목사와 목사 부인도 따라 나왔다. 마주선 나는

"니가 이럴 수가 있나? 내한테는 미리 사정 이야기를 했어야 되는 거 아이가?"

하고 야단을 치니 고개를 더 숙이는 그놈 얼굴에는 상처가 나 있었다. 미국까지 따라온 빚쟁이 때문에 자동차로 도망 다니다가 사고가 난 모양이었는데 앞니도 빠져 있었다. 그렇게 폐인이 된 꼴을 보니 나는 허탈한 상태가 되었다. 만나서 돈을 일부라도 돌려받을 수 있지 않을까 하는 가능성보다는 배신감을 삼키기 위해서 찾아다녔는데, 그렇게 폐인이 되어 있으니 나도 무슨 말을 하기가 힘들었다. 부인이 옆에서 뭐라 뭐라 변명을 해대었다.

"니는 시끄럽다! 입 닥치라!"

나는 고함을 질렀다. 집에서 전화를 해놓았는지 경찰 두 명이 도착했다. 내 변호사가 이래저래 사정 이야기를 하니 경관은 "너희들끼리 잘해봐라" 하고는 떠났다. 나와 변호사, 여동생 봉희, 최 군 내외 그리고 목사 내외 이렇게 가까운 데니라는 식당으로 갔다. 나는 그때까지 3일 동안을 초조와 걱정 속에서 주스 몇 잔으로 지냈던 터라 갑자기 음식이 목에 넘어가질 않았다. 내가 평상시 좋아하는 미국 음식들이 나왔는데도 식욕이 없었다. 식사 전 이런저런 이야기를 하고 있는데 죄지은 최 군은 한마디 말도 없고 목사가 난데없이 기도를 시작했다.

"하느님 아버지시여, 이 길 잃은 양을 보살펴주십시오. 이역만리 낯선 땅에서 신음하고 헤매는 불쌍한 이 양에게 하느님 아버지 자비의 길로 인도하여주십시오. 아멘."

아멘 소리가 끝나기도 전에 내가

"무슨 기도가 그래! 길 잃은 놈을 찾아오느라고 고생하고 길을 헤맨 내 기도는 한마디도 없고……"

하고 큰 소리로 화를 내니 목사 부인이 깜짝 놀라 내 옆에 와 앉더니 내 손을 잡으며 미안하다고 했다. 떠날 때까지 사과하는 눈빛으로 나를 바라보던 목사 부인이 지금도 생각난다. 그 당시는 새로 이민 오는 가족이 있다 하면 교회에서 미리 알고는 차로 공항에 마중을 나가서 데려다 편의를 봐주고 그 교회의 신도로 만드는 추세였다. 그런 이야기를 들었는데 요즈음의 교회는 어떤지 모르겠다. 나흘하고도 반나절, 고생했던 뉴저지 주를 잊을 수가 없다.

　남자는 모름지기 여자를 잘 만나야 하는 것 같다. 여자같이 얌전하던 놈이 결혼을 잘못한 건가, 왜 딴사람이 되어 나를 이렇게 고생시키나…… 돌아오는 길의 케네디 공항은 덥고 사람도 많아 매우 불편했다. 비행기가 뜰 때까지 세 시간 동안 대기실 의자도 아니고 바닥에 주저앉아 있었다. 천하의 여장사라도 아무것도 먹지 않고 사나흘을 속상해하면서 정신없이 돌아다녔으니. 성실하고 말없이 일만 하던 그 옛날의 어진 최 석사의 아들이 이런 짓으로 나를 배신하다니…… 공항 대기실에서 오만 가지 생각이 머릿속을 왔다 갔다 하던 중 서울에 바쁜 일이 있는 것이 기억났다. LA에서 며칠 쉬었다가 떠나려는 찰나에 김신재로부터 전화가 왔다. 신재 씨는 워싱턴 시 주변 도시에 살고 있었는데, 마침 좋은 사업 기회가 생겼다고 했다. 우래옥 식당이 있고 빌딩도 많이 들어서 있는 고급 동네의 10층짜리 건물 아래층에 샌드위치 가게 자리가 나왔는데 딸 성옥이와 함께 운영해보고 싶다 했다. 그러면서 약 만 불 정도의 자금을 융통할 수 있을까 하고 물었다. 나는 곧 서울로 돌아가야 하는 상황이라 진행비로 쓰다 남은 8000불이 있으니 송금으로 보내고 여동생은 LA에 남겨놓고 서울행 비행기를 탔다. 마음이 너무 착잡하여 처음 미국에 올 때에 보았던 그 휘황찬란하던 LA의 밤 불경치도 관심이 없었다.

타의로 인했든 자의로 인했든 간에 나에게는 새로 1억 4000만 원이라는 빚이 붙게 되었고, 회사 일은 바쁘고, 유학 간 딸의 뒷바라지 하는 것도 바빴다. 몸이 열 개라도 모자랄 것 같았다. 그러나 나는 젊었고 꿋꿋하게 일만 했다.

❖

김신재에게서 전화가 왔다. 샌드위치 가게를 열었다고 워싱턴으로 놀러 오라고 한다. 4월 초에 가겠다고 약속해놓고 우선 2월 말에 급히 딸이 있는 LA로 날았다. 그렇게 2월에 LA 가고 4월에는 시애틀을 거쳐 워싱턴으로 간다. 이런 식으로 1년에 서너 번, 어떤 때는 두 달에 한 번씩 미국을 드나드는 생활이 1980년까지 계속되었다. 그렇게 서울의 일과 미국행을 계속하면서 한 번은 비행기 안에서 옛날 생각에 쓴웃음을 지었다. 한창 영화에 미쳐 있을 때 나는 서울 간다는 말도 없이 슬그머니 집에서 빠져나와 대구를 떠난 적이 자주 있었다. 국수를 좋아하는 나를 위해 엄마는 기가 막히게 맛있는 국수를 말아준다. 먹다가 젓가락을 국수에 껴놓은 채 변소에 가는 척 아니면 친구가 뒤쪽 큰 대문으로 놀러 와서 친구 만나러 가는 척 그런 식으로 속이고 서울로 사라지곤 했다. 나는 몸도 민첩했고 성질도 급해서 이런 행동으로 부모에게 얼마나 불효를 저질렀는지는 할 말이 없다. 〈미망인〉 영화 끝나고 형부네 동아출판사 입사할 때까지 나의 불효는 끝이 없었다. 그 보답으로 관리과에서 약 20년 일하면서 딸의 도리를 해보려고 갖은 행동으로 힘쓰고 노력했다. 지금 생각하니 부모의 공의 10분의 1도 갚지 못한 것을 깨닫는다.

　1979년 4월 2일. 나는 LA에서 딸을 만난 후 워싱턴행 비행기에 올랐다. 김신재의 샌드위치 가게도 가보고 미국의 수도도 보고 싶었다. 마침 워싱턴에는 출판사 언니의 고명딸인 조카 은주도 살고 있어 반가운 사람을 둘이나 볼 수 있는 신나는 여행이었다. 은주는 원래 시애틀에서 대학을 졸업했는데, 대학 시절에는 유럽을 답사했고 졸업 후 미국을 두루두루 답사 경험하고자 수도 도시에서 잠시 살고 있었다. 비행장에 내리니 날씨는 좋았고 반갑게도 조카 내외가 차를 가지고 기다리고 있었다. 뒷좌석에 앉아 달리는 차창 밖을 보니 건물, 도로, 길에 늘어선 나무들이 모두 생각보다 고풍스러웠다. 로스앤젤레스에서 보던 안목으로 보니까 도로 정비가 안 되어 있어 울퉁불퉁하고 망가져 있어 달리는 차가 몹시 흔들거렸다. 세계의 수도인 워싱턴이 이래서 되겠나 생각했다. 시내 가까운 곳에 포토맥강이 흐르고 있었다. 강변 일대의 잔디 속에 무슨 꽃송이들이 중간중간 끼어 있어 자세히 보니 수선화였다. 한 그루가 아니고 네댓 그루씩 뭉쳐서 심어 있었는데, 꽃이 피면 얼마나 고울까? 좁은 도로에 가고 오는 차들 때문에 내려서 볼 수는 없었지만 김신재를 만나고 나중에 꽃

워싱턴 시에서 다시 만난 김신재.

이 피면 꼭 사진을 찍어야지 새겨두고 그냥 지나갔다. 나에게는 첫사랑과도 같은 왕년의 스타 김신재를 찾아가는 길목에 수선화가 심어져 있다니 하느님의 조화인가. 워싱턴 시내로 들어가는 내 마음은 너무나 들뜨고 기뻤다. 조카의 아파트에서 잠시 쉬었다가 샌드위치 가게로 향했다. 시내에서는 조금 떨어진 곳인데, 신축 우래옥 식당이 있는 이 고급 단지에는 새로운 높은 빌딩들이 많이 서 있었다. 그중 10층짜리 빌딩 1층에 차려진 가게는 넓고 깨끗했다. 신재 씨는 전쟁 통에 아들 둘을 잃고는 아들 하나와 딸 하나가 남아 있었다. 효자인 아들 성일이는 정치학을 공부한 학자로서 유명한 정치과가 있는 사립대학에서 정치학 교수로 교편을 잡고 있었다. 어릴 때부터 알밤같이 똘똘하고 행실이 밝았던 성일이는 나무랄 데 없는 아이였다. 신재 씨는 뒤따라 이민 온 딸 성옥이와 가게를 운영하면서 조용한 노후를 보내고 있었다. 먼저 가게에 도착한 내가 신재 씨와 그간의 밀린 이야기를 나누고 있으니 대학에서 휴가를 내어 온 아들도 도착했다. 그들 세 가족도 모처럼 모두 모이는 판이라 우리는 서로 반가워서 어쩔 줄을 몰랐다.

　워싱턴에서 즐거운 나날을 보내고 있으면서도 서울의 바쁜 일들을 생각하니 마음이 조마조마했다. 샌드위치 가게는 세 번 가보고 스미스소니언박물관과 기타 몇 군데 구경했다. 그러나 그 유명한 벚꽃 거리의 꽃이 활짝 피기도 전에, 그리고 포토맥 강변의 수선화 사진도 찍지 못하고 4일째 되던 날, 나는 딸이 있는 LA로 돌아갔다.(LA 가는 비행기 속에서 내려다본 그랜드캐니언은 깜짝 놀랄 정도로 웅장했다.) 세 식구가 함께 일하던 그 샌드위치 가게는 2년도 못 가 문을 닫았다. 10층 건물에 은행이 하나 더 들어오고, 사무실이 태반은 차야 하는데 그 후 입주자가 없어 연일 손님이 줄어드는 상황이었다고 한다. 그나마 신재 씨에게 돈을 융통해줄 수 있었던 것만으로 나는 기분이 좋았다.

LA로 돌아왔다. 딸은 UCLA에 다니며 열심히 공부하고 있었고 영어도 많이 편해진 듯하였다. 처음에 미국에 떨어졌을 때 보낸 편지 구절처럼 바닷가에 가서 죽고 싶다는 내용의 편지는 더이상 없을 것 같았다. 그러나 운전을 하고 다니는 딸을 보니 나는 그 점이 또 걱정이 되었다. 운전 조심해야 하는데……

❖

서울에 돌아와보니 무수한 일들이 나를 기다리고 있었다. 다름 아닌 그 1억 4000만 원의 부도로 인한 빚이었다. 여러 사람을 찾아다니면서 나를 믿고 기다려달라 했다. 신용과 의리 빼면 아무것도 남지 않는 식으로 살아왔던 나였기에 모두 이자를 중단하고 나를 기다려주었다. 관리과에서는 참고서 일로 매일매일 바빴지만,『대백과사전』자금 염출 일도 만만치 않았다. 사전이 완성될 때까지는 아직도 많은 돈이 필요했다.

연희동의 규복이 할머니를 자주 찾아갔다. 아침 출근 전이나 점심시간, 어떤 때는 퇴근 후 늦게까지도. 할머니는 돈도 있었지만 나와 출판사를 잘 아는 처지라 자금 융통하기가 쉬웠다. 연희

박남옥

딸과 로스앤젤레스에서.

동 언덕 중턱에 있는 그 집을 올라가면 숨이 너무 차왔다. 빨리 가야 한다고 재촉하는 사람 아무도 없는데 무엇이 급하여 그렇게 빨리 달려 올라갔는지 자업자득이라 하겠다.

나는 꿈을 자주 꾸는 편이다. 아이 업고 〈미망인〉 제작할 때 고생하던 꿈을 꾸면 이튿날 일어나 허리가 몹시 아파 고생한다. 어느 때는 연희동 규복이 할머니네 집을 올라가는 꿈을 꾼다. 그런 날은 일어나면 다리가 아파 걷기가 불편하다. 젊은 날을 후회 없이 살았지만, 건강을 생각지 않고 여자로서 너무 과격했던 점도 있었던 것 같다. 성격이 급하기도 하지만 꼭 해야 한다고 생각하는 일이 있으면 앞뒤 가리지 않고 매진하는 식이었는데, 지금 생각하니 그럴 것이 아니라 앞뒤 그리고 옆도 보며 마음의 여유를 가지고 살아야 했다는 생각이 든다. 이미 지나간 일이다.

1979년 8월, 나는 4개월 만에 또 LA로 갔다. 그러고서 서울로 돌아온 나는 그렇게 서울과 LA를 왔다 갔다 할 것 없이 이민을 가야겠구나 하는 생각이 들었다. 관리과 일을 하면서 틈틈이 이민 수속 관계를 알아보기 위해 외무부, 미대사관 등을 찾아다니고 있는데 LA에 사는 남동생이 서류를 보내왔다.

서류 작성은 내자호텔 앞 3층 건물에서 하고 소양 교육은 구 서울대학교 앞 큰 건물에서 받았다. 하루는 내자호텔 앞 외무부 3층 건물에서 백년설같이 생긴 사람이 서류에 글을 쓰는 모습을 먼발치에서 보았다. 그분도 이민을 가나 생각했다.

1979년 10월 하순은 내 생애 가장 바쁘며 슬픈 시기였다. 10월 26일이었나, 박정희 대통령 시해 사건이 돌발했다. 무엇 때문에 그런 사건이 일어났는지 다시 자세히 읽어보고 싶어 이 글을 쓰다가 말고 잠시 옛날 신문 기사들을 모아놓은 상자들을 다 뒤져보았다. 관련 기사는 하나도 찾지 못하고, 박 대통령과 김재규가 육사 2기 동창이라는 등의 사사로운 이야기만 나왔다. 나는 일이 손에 안 잡혔다. 이민 수속하며 다니는 서울 시내 길거리는 검은 리본을 단 사람들의 물결이다. 나는 수속을 하고 다녔으나 이런 시국에 하나 있는 딸에게 가도 되나 하는 회의가 들었다. 회사 일은 바빠 나는 밤일을 하며 회사에서 살다시피 하였고, 집에 돌아오는 날은 몹시 암담하고 고단했다. 1억 4000만 원의 부도, 문제의 그 빚도 반 이상 정리되어가고 있었다. 돈 속에, 아니 돈 버는 일 속에 파묻힌 재미없고 의미 없는 세월은 덧없이 흘러갔다. 동아출판사는 서대문 본사를 팔고 안양 근처 독산동의 신사옥으로 이사했다. 녹번동에서 그 먼 곳까지 1년 조금 못 되게 출퇴근을 하다가 나는 결국 이십수 년 만에 일손을 놓았다.

미국에서의 여생

1 9 8 0 ~ 2 0 0 2

대통령 서거의 어지러움이 조금 가실 무렵, 더 이상 왔다 갔다 할 수 없어 1980년 말 정식으로 이민을 떠났다. 그때 딸은 UCLA를 다니고 있었는데 영어도 많이 늘었고 운전도 마치 택시 운전사같이 능숙하였다. 공부를 열심히 해 성적도 좋은 눈치였다. 우리는 딸의 학교가 가까운 LA 서부 지역 동네에 아파트를 얻어 평온한 나날을 살았다. 그 동네에는 일본 사람들이 많이 모여 살고 있어 골목을 산책하다 보면 일본식으로 꾸며놓은 앞마당들을 볼 수 있었다. 분재한 꽃이나 나무로 단정하게 꾸미는 스타일인데, 동네에는 꽃나무 도매상들도 여러 군데 있었다. 이들은 LA 근교에 큰 농장을 가지고 있다는데, 가게에서 묘목 전문, 꽃 전문, 상록수나 큰 가로수 전문 등의 영업을 한다. 원래 꽃을 무척 좋아하는 나는 물고기 물 만난 듯 이 가게들을 들락거렸다. 아침부터 집을 나와 가게까지 산책한다. 꽃을 사는 날도 있었지만 매일 그런 것은 아니었다. 가게 주인들이 나를 일본 사람으로 알았는지, 시들시들한 꽃은 거저 주기도 하여 많이도 얻어 와 집에서 예쁜 꽃을 피웠다. 한국에서 40여 년 전 헤어진 후 미국 LA에서 감격스러운 상봉을 한 친구 최은희는 몇 해 전 우리 집에 놀러 와 내가 가꾸어놓은 베란다의 꽃밭을 보고는 한마디했다. 자기는 나처럼 두서없이 하는 게 아니라 정식으로 정원 일을 한다나? 죽은 막내 여동생 봉수도 나의 원예술에 대하여 한마디.

　"이거는 원예가 아니고 호작질^{손장난} 수준 아이가?"

　누가 무어래도 나는 좋다. 이래 뵈어도 정성 들여 피운 꽃을 베란다에 담뿍 얹어놓으면 지나가다 예쁘다고 올라와서 보고 가는 서양 여자들도 있었다.

이 동네에는 LA의 다른 몇 구역과 함께 일본 사람들이 많이 정착해 살고 있었다. 일본이 진주만 공격을 한 후 미국 중부 어느 수용소에 수용되었던 사람들도 있었다. 사쓰마 상회와 가부키 가게의 주인들은 팔십 가까운 노인들이었는데 만나면 수용소 생활 이야기를 들려주어서 그 당시의 역사에 대해 알게 되었다.

동네에서 차로 약 5분 서쪽으로 가면 산타모니카 해변이 나온다. 어느 때는 LA 다니러 오는 여동생이나 남동생과 버스를 타고 해변가로 가기도 했는데 바다를 바라보고 앉았노라면 이 태평양이 우리나라 동해와 연결되었겠지 하는 생각이 든다. 세계적으로 경치 좋은 이 산타모니카 바닷가도 지금은 20여 년 전 그때에 비하면 많이 안 좋아졌지만. 남동생 상기는 가끔 LA에 오면 몇 달씩 나와 함께 생활하곤 했는데, 한번은 둘이서 큰 외출을 했다. 가까운 베니스비치에서 사진 촬영 대회가 열려 늘씬한 패션모델들이 반라의 차림으로 포즈를 잡고 있었다. 잘 다루지도 못하는 카메라를 오십수 년 가지고 다니는데 150불짜리 싸구려 카메라에 필름을 넣고 뺄 줄도 몰라 항상 현상집 아저씨에게 부탁하는 주제에 시도 때도 없이 찰칵찰칵 눌러댄다. 1년에 간혹 서너 장씩은 걸작도 나온다.

꽃나무 도매상이 즐비한 소텔Sawtelle 길을 한 바퀴 돌고 집에 돌아가는 길에는 큰 YMCA 건물이 있다. 그곳에 잠시 앉아 꽃 화분 산 것은 옆에 놓고 담배 한 대 피우고 쉬었다 집에 돌아간

위·중간   수십 년 만에 LA에서 다시 만난 최은희.
아래   최은희, 최지애와.

다. 하루는 그 돌계단에 앉아 있자니 몇 미터 앞에서 나이 많은 일본 영감님과 할머니가 손을 잡고 걸어가고 있었다. 그런데 갑자기 할머니가 뒤를 돌아 나를 보더니 성급히 걸어와 머리를 깊숙이 숙이고 절을 했다. 나에게 말이다. 무슨 일일까? 인사를 하는 건지 내가 어디 사나 묻는 건지 알아들을 수 없는 발음으로 무언가 말을 하더니 내 손을 잡고 웃고 중얼거리고…… 치매인가? 사람이 그립다가 사람을 보니 너무 기뻐 미친 듯한 표정이었다. 앞에 서서 기다리던 영감님이 와서 할머니 손을 붙들고 데리고 가니 계속 뒤를 돌아보고 중얼거리며 사라졌다. '또 만납시다'라는 말인지, 영어는 못해도 일본 말이라면 도사 수준인 나도 도저히 알아들을 수 없었고 할머니의 순간적인 행동에 나는 어리둥절했다. 늙으면 저렇게 되는 건가? 나는 그때 60대 중반이니 아직 새파랗게 젊을 때 일이다. 사라져가는 그 할머니를 보며 갑자기 눈물이 났다. 깨끗하게 돌아가신 아버지 엄마 생각에. YMCA 큰 소나무 밑 돌계단에 오랜 시간 앉아서 돌아가실 무렵의 부모를 생각하며 담배를 피웠다.

남동생 상기가 지은 녹번동 3층 벽돌집에서 아버지, 엄마, 상기, 여동생 봉수, 딸 그리고 일 도우는 처녀 그렇게 살았다. 아래층 아버지 방은 꽤 넓었다. 딸이 미국으로 떠나기 전에는 아버지 방에 들락거리는 사람이 있었지만, 나마저 미국으로 떠나버린 후에는 줄어든 식구에 주변에는 기껏해야 엄마나 건넛집 둘째 언니 딸 은주, 아니면 좀 떨어져 살던 여동생네뿐이었다. 내가 아직도 그 집에 살 때 하루는 아버지 방 도배를 하기 위해 아버지를 응접실로 옮겨 앉혀드렸다. 꽤 현대적으로 설계된 이 집은 응접실이 중앙에 위치해 집안 식구, 가정부, 동네에서 놀러 온 사람들이 왔다 갔다 하는 것이 다 보였다. 밤이 되어 도배한 것이 다 마르자 아버지를 방으로 모시려 했는데 아버지는 따라주시지 않았다. 원래 하루에 두세 마디 하면 많이 말하는 날이었던 아버지는 병으로 자리에 누우신 후부터는 하루에 한 마디도 할 수 없어 그나마 몇 마디 하시던 것에서 더 준 상태였다. 그런 아버지가 지금 말없이 웃음과 손짓으로 그 방에는 안 들어가고 응접실에 그대로 계시겠다고 고집을 피우는 것이었다. 우리는 잠시 후 이해가 되었다. 종일 큰방에 누워만 계시니 사람이 얼마나 그리웠을까? 이 일본 할머니를 보고서야 그때의 아버지 심정을 헤아리게 된 나는 가슴이 뭉클해졌다. 아버지가 돌아가신 해가 몇 년이었는지 기억이 아물거리지만, 겨울이었다. 그해 2월에 눈이 많이 오고 추운 겨울이었다. 사위 세 명이 묏자리를 사기 위해 그때 처음 개장한 천주교 용인공원묘지에 갔는데 산속 눈에 발이 푹푹 빠져 산을 다 돌아볼 수가 없었다고 한다. 묘지를 파던 인부들이 사위들을 보고

"오셨습니까? 여기 오실 분이 얼마나 인자하시기에 그토록 오래 춥다가 오늘 이렇게 날씨가 따뜻하고 햇살도 밝네요"
했다고 한다. 아버지는 그날 아침 엄마가 떠 넣어주는 음식물을 일절 입에 넣지 않고 줄줄 흘리면서 거절했다. 엄마는

"아이고, 내사 모르겠다!"
짜증을 내면서 국그릇을 들고 나간 뒤 내가 방에 들어가보니까

1977년 1월 아버지 보내던 날.
왼쪽부터 조카 원석, 동생 영기, 다섯째 사위 박국원, 박남옥, 최 석사.

아무래도 예감이 이상했다. 초점 흐린 눈으로 천장을 쳐다보고 계셨다. 나는 응접실로 나가 전화로 불광동 병원 집 동생을 불렀다. 동생은 선뜻 오겠다고 하지 못했다.

"간호원이 아직 안 나와서……"

했다.

"왕진 가방만 들고 빨리 온나."

"아침을 먹고 가야지……"

"아버지가 위독한데 아침이 다 뭐꼬?"

그러고 큰길 건너 언니 집에 전화했다.

"운전수 아침 먹고 아저씨 출근하면 갈게."

"아저씨 출근한 후면 늦다. 오늘은 정말 아버지가 위독한 거 같아."

"니는 만날 위독하다 위독하다 카더라."

응접실 전화는 탁상 위에 얹어져 있지 않고 누군가 쓰고는 바닥 위에 그대로 놓아둔 상태였다. 나는 아버지 방에서 응접실 바닥에 있는 전화까지 엎어지며 넘어지며 열다섯 군데에 전화를 걸었다. 회사, 대구의 큰언니, 큰 남동생, 조카, 여의도 남동생 할 것 없이 닥치는 대로 전화했다. 건넛집 언니가 언덕을 내려와 한전 지점 앞 큰길을 건너왔다. 아버지 방문을 열고 들어오니 아버지는 천장을 보고 있던 눈으로 언니를 한참 쳐다보더니 조용히 눈을 감으셨다.

'아버지는 언니를 기다리셨구나……'

왕진 가방을 든 셋째 사위가 헐레벌떡 방에 들어왔을 때는 이미 늦은 뒤였다. 운명한 아버지 다리뼈가 경직할까 봐 앉자마자 뽀독뽀독 다리를 주무르면서 한없이 눈물을 흘리던 여동생 남편의 얼굴이 지금도 눈에 선하다. 사위들, 자식들 그리고 주위 모든 사람들에게 존경받던 어진 우리 아버지는 83세로 저세상으로 떠나셨다.

천주교 용인공원묘지가 처음 생긴 시절이었다. 엄마는 아버지 돌아가신 지 1년 후인 4월 2일에 돌아가셨다. 이상한 것은 엄마가 열 자식 누구한테도 아버지 묻힌 장소가 어디인지 한 번도 물어보지 않았다는 것이다. 죽음에 대한 두려움일까. 애처가였고 말없이 책임감 있게 가정을 잘 챙기신 아버지를 잊지 못하는 슬픔에서였을까. 이제 내 나이 부모 가까이 되니 죽음에 대한 생각이 조금은 뚜렷하게 와닿는다.

❖

아버지 돌아가시고 1년 뒤인 4월 어느 날. 목련꽃이 한창 봉오리가 터질 듯한, 그러나 아직도 조금 쌀쌀한 그런 날씨였다. 엄마가 좋아하는 귤을 사러 응암동에 갔다. 내가 사는 LA는 1년 내내 과일이 넘쳐나고 요즘은 서울도 마찬가지지만 그때만 해도 4월에 귤 보기는 힘들었다. 응암동 친구 집 근처 가게에서 일전에 몇 개 본 적이 있어 간 것이었다. 귤을 사고 바로 집에 왔으면 되는 건데 친구 집에 들러 3, 40분 머물렀다. 집에 와보니 엄마는 이미 돌아가신 후였다. 동네 친구인 안경 할매가

박남옥

"와 니가 먼저 가노? 내가 먼저 간다켔는데!"

땅을 치며 대성통곡을 하고 있었다. 동네 친구 할머니들과 우리 가족들 모두 울고 있었다. 동네 할머니들의 리더 격인 안경 할매는 엄마보다 서너 살 위였다. 우리 집이 넓으니 주로 우리 집에 모여 노셨지만 간혹은 엄마가 언덕 위 안경 할매 집으로 놀러 가기도 했다. 그런 때면 엄마를 부축해서 가야 했다. 엄마는 기운도 없었지만 천식 기침이 시작되면 담벼락에 기대어 쉬었다 가야 했다. 그날 내가 귤 산다고 집을 나갈 때 어린 조카 미연이가 공부 책상을 엄마 옆에 두고 지키는 것을 보고 나갔는데 "미연아, 미국 언니한테 편지 쓰나?" 이 말이 엄마의 마지막 대사였다. 어디 묻혔는지 한 번도 안 물어본 그 아버지 옆에 엄마도 마당의 흰 목련꽃의 전송을 받고 80세로 잠들었다. 돌아가시기 며칠 전에 얼굴에 잔털이 너무 많아서 내가 면도날로 깨끗이 밀어주었다. 젊은 날 옛 여인치고는 체격이 컸던 엄마도 10남매 건강히 키워 대학 공부 시키고 일하는 것이 재미있다고 일을 너무 많이 하더니 천식으로 10년 가까이 고생하고는 오그라든 할머니가 되었다. 운명해 누워 있는 얼굴을 보니 붓기도 빠지고 내 눈에는 하얀 대리석 조각같이 아름답게 보였다.

내가 퇴근길에 엄마가 좋아하는 찬거리를 사 들고 집에 들어서면 "돈 주고 또 사 왔나!" 하면서도 좋아하던 엄마…… 멸치, 아버지 좋아하시는 두릅, 돌나물, 산나물…… 이런 찬거리 다듬는 일은 할머니들과 모여서 노는 시간 외에 엄마의 할 일 거리다. 돌아가시기 며칠 전, 내가 면도날로 얼굴의 잔털을 밀어준 다

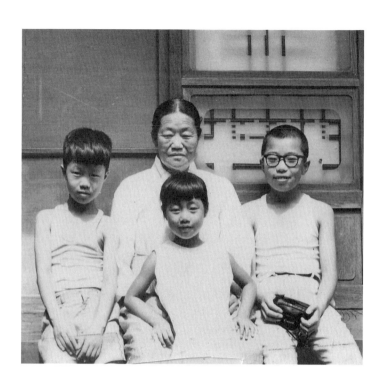

어머니와 손주들.

음 날, 엄마는 응접실에 앉아 멸치를 다듬고 있었다. 가까이 가 보니 엄마가 멸치 머리만 한데 모아놓고 몸통은 쓰레기통에 버리는 것이 아닌가. '이상하다. 엄마가.' 잠시 그렇게 느끼고 지나갔다. 하루는 엄마가 동정 걱정을 한다. 나는 절대 양장을 하지 않고 매일 한복만 입고 다녔다. 그러니 엄마의 할 일들에 한 가지 더 얹어지는 것은 내 저고리 동정 갈아 달아주는 일이다. 엄마는 안경도 안 끼는데 바늘에 실도 잘 꿰고 동정은 즉석에서 눈 감고도 달아주는 수준이었다. 신기에 가까운 실력이었다. 그런 엄마가 갑자기 말했다.

"아이구, 야, 야! 내가 죽고 나면 누가 니 동정 달아주노?"

"엄마 없으면 내가 달지!"

달 줄도 모르면서 나는 가볍게 싱겁을 떨었다. 지금 생각하니 그 말도 후회된다.

엄마가 떠나신 후 우리 형제자매들과 집안 식구들이 모여 엄마의 물건들을 정리하기 시작했다. 부엌살림 도구, 장롱 등, 살림하는 것을 그렇게 좋아했던 엄마가 애지중지하며 쓰던 물건들이었다. 냉장고 건너 있던 큰 찬장을 정리하다 모두 놀랐다. 찬장 아래 칸 속에는 놀랍게도 나무젓가락 묶은 것이 두 뭉치 나왔다. 어린아이는 들지 못할 정도로 큰 그 두 묶음은 중국 음식 시키면 따라오는 서너 벌 여분의 나무젓가락을 엄마가 모아둔 것이다. 고춧가루와 마늘을 섞어 꼭꼭 담아놓은 양념 단지도 두 개 나왔다. 그리고 휴지 모은 것, 고무줄 모은 것 등의 각종 '모음'이 있었다. 엄마가 십수 년 더 살 수 있다고 모아놓은 것인지 아니면 우리들 남은 자식들이 쓰라고 알뜰하게 모아둔 것인지……
옛날 사람들의 살림에 대한 애착심에 새삼 숙연해졌다.

❖

엄마 가고 벌써 20년이 지나갔는가. 내가 국민학교 2학년 때
외할머니가 돌아가신 후로는 집안이 모두 건강하고 슬픈 일이
없었는데, 아버지가 돌아가시고 1년 후 또 엄마를 떠나보낸 우리
들은 슬픔에 잠겼다. 겨우 슬픔에서 벗어나려고 하던 그 이듬해
4월, 이번에는 우리 집 장남인 남동생 영기가 우리를 떠났다. 시
청 앞, 플라자호텔 뒷골목 중국집에서 친구들과 점심 한다고 나
갔다고 한다. 아직 도착하지 않은 한 친구에게 전화를 걸다가 수
화기를 든 채 쓰러졌다고 한다. 지병인 고혈압이었다. 그런데 구
급차를 부를 것이지, 일반 차에 싣고 고려병원까지 가는데 토요
일 오후 차가 밀려, 40분이 걸려 병원에 도착하여 응급치료를 했
을 때는 이미 늦었다.

부리부리한 얼굴에 체격이 큰 동생은 천하장사였고, 대학 시
절에는 운동선수로도 활약했다. 수십 년 전, 최인규 감독의 집에
서 크리스마스 파티로 내가 신나게 놀고 있을 때 골목 밖에서 누
나를 보호한답시고 자진해서 보초를 섰던 이 녀석과 나 사이에
는 어린 시절의 잊지 못할 에피소드가 많다. 혈압이란 눈에 보이
는 증상도 없고 아프지도 않으면서 그렇게 무서운 것인지. 영안
실에서 장지로 떠나기 전 마지막으로 병원 마당에서 조사를 읽

박남옥

던 친구들과 내가 눈물을 흘리고 있을 때 친구가 나에게 다가와서

"슬프지만 우짜노? 나도 오빠를 잃었지만, 우리 살아서 오빠 몫 동생 몫 다하자!"

하며 따뜻하게 위로했다. 중앙여고에서 가사 선생이던 이 친구는 국가 대표 탁구 선수이기도 했는데 3년 전 간 질환으로 저세상으로 갔으니 인생무상이다.

동생의 장례식 날은 봄비가 축축이 내렸다. 우리 집의 장남인 동생은 아버지만큼이나 말수가 적은 아이였는데 집안일이나 형제 일보다는 친구들의 뒷바라지를 묵묵히 잘하는 타입이었다. 집에서는 말이 없어도 친구들과는 달랐는지 여하튼 친구들과의 의리는 대단했다. 자기 친구들 중 제일 먼저 서울에 온 동생은 대구에 남았던 친구들이 하나하나 서울로 올라올 때면 기거할 집이나 직장 알선하는 일을 자기 일보다 더 열심히 했다. 동아출판사에서 전무로 오래 근무한 동생은 그 직책을 그만둔 후 지병인 혈압을 조심하며 그렇게 그렇게 소일하며 살았다. '경맥회'에 간다며 힘없이 나가던 뒷모습이 떠오르는데, 그 많던 친구들 중 병석에 있는 동생을 찾은 놈은 얼마 없어 남자 세계의 우정이 어떤 건지를 나로 하여금 생각해보게 한다.

우리는 그렇게 부모님과 동생을 3년 만에 연년이 떠나보내고 차차 정신을 가다듬었다. 지금 이 글을 쓰고 있는데 마침 미국 텔레비전 방송국 채널 3에서 이태리 여배우 소피아 로렌이 모 기자와 인터뷰하는 장면이 나온다. 68세가 된 소피아 로렌은 옛날

그녀가 영화에서 보여주었던 이태리 여성의 무한한 에너지는 풍기지 않지만, 〈두 여인〉〈해바라기〉 등에서 보여주었던 명배우의 면모는 여전하다. 우리 집 여섯 딸 중 제일 막내인 봉수가 얼마나 소피아 로렌을 좋아했는지. 내가 애지중지하는 일본 영화 잡지나 신문에서 발견되는 소피아 로렌 사진들을 모조리 오려서 한 상자 모아놓은 것을 자기 방 찬장 제일 위 칸에다 숨겨놓았는데 누가 손이라도 대어볼라치면 그렇게 신경질을 내곤 했다. 우리는 이 막내마저도 잃게 되었다. 남동생이 간 후 10년 뒤 막내는 암으로 유명을 달리했다. 이화여대 미대를 나온 멋쟁이 막내는 결혼에 실패하고 아이도 없었다. 검소하게 살면서 모아놓은 재산을 형제자매들에게 남겨놓고 6월 어느 날 천주교 묘지로 떠났다. 죽기 전 항암 치료를 받으며 녹번동에서 불광동 성당까지 지하철이나 버스는 오르내리지를 못하니 걸어서 그렇게 열심히 미사를 드리러 다녔다. 죽은 다음 동생이 신고 다니던 운동화를 끌어안고 나는 사나흘을 울었다. 내 몸속의 눈물이 다 마르도록 울었다. 하느님에게 매달리는 것도 좋지만 병은 선전을 하라고 했다는데 미리 알려주었으면 그 많은 형제들이 의논이라도 하며 투병 방법을 찾았을 것을 혼자 고민하면서 조기 발견 시기를 놓치고 만 것이다. 텔레비전에 나온 소피아 로렌의 늙은 얼굴을 보며 인생에서 죽음이 무엇인가 곰곰이 생각해본다. 막내가 살았다면 지금 66세가 된다. 3년 전에는 대구에 살던 우리 집 제일 큰언니가 돌아가시고 이제 우리 형제는 일곱 명만 남았다. 부지런히 일하여 우리 모두 건강하게 키워 대학까지 보내신 부모님

박남옥

한국에서 마지막으로 거주한 녹번동 벽돌집.

덕에 이 나이에 아직 일곱 명이나 살아 있으니 이 얼마나 고마운 일인가. 우리 남은 형제들의 나이 분포는 60대 두 명, 70대 세 명, 그리고 80대 두 명이다. 거의 모두 서울에 살고 있고 2, 3년 전만 해도 비행기로 오가며 만나고 지냈다. 그러나 나는 이제 서울 갈 기력을 잃었으니 서글프기 짝이 없다. 옛날 영천 대구 시절처럼 모두 모여 같이 살면 얼마나 즐거울까!

❖

2002년 8월 5일은 메릴린 먼로가 죽은 지 40주년이 되는 해 다. 로스앤젤레스 웨스트우드에 있는 먼로의 무덤을 찾아 스페인, 프랑스, 독일, 영국, 아일랜드, 이탈리아, 호주, 세계 각지의 팬 400여 명이 모였다고 한다. 늙은 나는 이것을 신문 기사에서 읽고 노인 아파트 속에서 옛날 생각을 해본다. 이민 와서 몇 해 되지 않았을 때 조카 하나가 브렌트우드에 살고 있었는데 조카 집은 먼로가 숨을 거두었다는 집과 매우 가까운 거리였다. 헬레나 드라이브 5번지. 유명 배우들은 화려한 대저택에 사는데 5번지의 그 집은 너무나 작고 초라했다. 사람이 현재 안 사는 집인지 마당이나 문들이 많이 퇴색하고 지저분했다. 그 후 나는 웨스트우드 빌리지 공원묘지에 가서 먼로의 묘지 앞에 꽃을 꽂았다. 보니 세 사람이 먼저 와 꽃을 꽂고 갔다. 메릴린 먼로. 그녀는 영화계의 많은 스타들 중에서 가장 신비의 베일에 싸인 스타였다고 생각한다. 그녀의 17, 18편의 영화 중 나는 두 작품 빼고는 다 보았다. 1950년도의 〈아스팔트 정글〉부터 〈뜨거운 것이 좋아〉, 1960년도 〈사랑을 합시다〉까지. 영화 중에는 꼭 그녀가 노래를 부르는 장면이 나온다. 〈돌아오지 않는 강〉 등. 그녀의 허스키한 목소리와 얼굴이 지금도 생생하게 떠오른다.

슬럼가에서 소녀기를 힘겹게 살았고 콜걸까지 한 어두운 과거의 사생아가 할리우드의, 아니 세계의 스타로 떠오르기까지 얼마나 피나는 노력과 심리적 압박 속에서 살았으면 수면제 과다로 36세에 생을 마감했을까. 자살이다, 타살이다 안개 속에 가린 채 지금도 수수께끼로 남아 있는 그녀의 죽음. 2002년 벌써 40주년이 되어 8월 5일에는 공원묘지에서 추모 행사를 벌인다고 한다. 그 공원에 두 번 가보았던 나는 지금 늙어서 가만히 집에 앉아 하염없는 옛날 생각에 잠겨 있다. 그 묘지에는 먼로 외에 딘 마틴, 잭 레먼, 빌리 와일더 감독, 내털리 우드 등이 묻혀 있다. 죽어서 전설이 된 먼로의 목소리가 떠오른다. 빌리 와일더 감독의 걸작 〈뜨거운 것이 좋아〉에서 여장을 한 잭 레먼이 늙은 부자 영감과 〈라 쿰파르시타 La Cumparsita〉 곡에 맞추어 춤추던 장면이 생각나 혼자 웃는다.

먼로의 짧은 생애를 생각하며 나의 지난날도 되돌아본다. 인생은 마흔부터도 아니고 마흔까지도 아니다. 어느 나이든 다 살 만한 나이라고 말한 원로 수필가의 글이 생각난다. 내가 마흔의 두 배가 되는 세월을 살아오면서 금방 감회가 떠오르지 않는 것은 너무 생각 없이 덤벙덤벙 살아서 그런 것일까. 앞과 옆을 보면서 좀 더 여유 있게 느긋이 살아야 했을까? 종교를 가지라고 딸은 권한다. 일부러 자처해서 험악한 인생을 살아온 나는 고달퍼도 하느님이나 부처님의 힘에 의지하고 기대고 싶은 순간은 없었다. 집안이 태반 성당에 나가니 나도 나가야 하는데 다리가 불편하기도 하고 한자리에 두세 시간 앉아 있을 수 없는 상태라 망설이고 있다. 살아온 인생이 용이하지 않았듯이 죽음 또한 쉬운 일은 아니겠지. 죽음이 가깝다 생각하니 외롭고 서글퍼진다. 지나온 날들을 정리하면서 짧은 남은 시간을 천금같이 살아야지. 금년은 유난히도 덥고 갑자기 내 주변에는 슬픈 일이 생겼다. 2주 동안 우리 아파트 10층에 사는 두 분이 돌아가셨다. 한 분은 호흡곤란으로 오랫동안 고생하다 일주일 전 한 줌의 재가 되어 산페드로 해변가에 뿌려졌다. 그다음 날은 몹시 더웠다. 옆옆 방에 사는 아주머니가 팜스프링스 근처 수영장에서 익사했다. 수영장 가기 전날 엘리베이터 앞에서 마주친 그녀와 장시간 수다를 떨고 헤어졌는데, 사람의 삶과 죽음이 종이 한 장 차이인 것 같다.

❖

　오늘은 일요일. 어제오늘 주말이면 아파트 아랫동네 멕시코 사람들의 시끄러운 음악이 들려온다. 어제 옆옆 방 아주머니의 장례식 끝난 이야기를 듣고 우울해서 문을 닫고 낮잠을 잔다. 나는 낮에도 조금 피곤하다 싶어 어디서든 눕기만 하면 잠이 오는 체질이라 세상만사 우울하면 머리가 무거워 낮잠을 잔다. 낮잠에도 물론 꿈을 꾼다.

　　　　　　　　　　　　　　　　　　　　　　박남옥

대구 동인동 달밤에 호박꽃이 피어 있던 언덕에서 강강술래로 즐거웠던 장면. 항상 가보고 싶어한 오리건 주의 컬럼비아 강이라나 무슨 강이라나, 나는 그 강도 꿈에서 가본다. 밤낚시를 하면 오징어가 줄줄이 낚싯대에 달려 주위 담기 바쁘다는 유 군의 전화 후 간다 간다 하는 것이 몇 년이 되었다. 유 군은 동아출판사 사장 차를 운전하던 충청도 청년인데 미국에 이민 와 오리건 주에 살고 있다. 자기가 LA로 놀러 와서 나를 데리고 오리건 주 구경을 시켜준다고 우기는 것을 그때 내가 조금이라도 더 젊었을 때 못 따라간 것이 후회스럽다.

제일 가보고 싶은 곳은 워싱턴 시. 4월에 그곳에 가서 포토맥 강 잔디 언덕에 여기저기 몰려 피어 있을 수선화를 사진 찍고 싶다. 김유영 감독의 〈수선화〉라는 영화의 스틸 사진 한 장을 사서 국민학교 6학년 때부터 영화라는 예술에 눈이 뜨이고 김신재라는 배우의 팬이 되고 영화계에 입문해서 배곯고 고생하던 충무로 시절…… 한국동란 시절……

4년 전 겨울. 김신재의 크리스마스카드를 받고 나도 카드를 보내니까 이번에는 편지가 왔다. 답신을 보내려고 봉투를 써놓고 차일피일하고 있던 중 그녀는 내 편지를 받지 못하고 유명을 달리했다. 4년 전^{1998년} 3월 31일이었다. 워싱턴 시에 가면 그녀 묘 앞에 꽃을 꽂고 편지 내용을 이야기해줘야지. 시간 잘 지키는 여인, 수선화같이 깨끗한 성품에 남의 험담을 일절 하지 않는 여인, 내 친구 김신재. 그런 김신재와 홍은원 감독 그리고 나, 이렇게 셋이서 영화 많이 보러 다니던 해, 수십 년 전 그때가 나에게

나머지 함께 보내지 못하여
미안하오.
성인이나 나나 항상 육의하고
있다는 것 알아주오.
사정이 허락하는 대로 노력
할테니 너무 걱정하지 말어요
늘 건강한 가운데 평안한
마음으로 새해를 맞이하기
기원해.
신재.

남록씨
May the true happiness
of Christmas
be with you
throughout the Year

89
12월(中) 즘

신재

89년
카드

위   김신재의 크리스마스카드. 연도와 날짜 메모는 박남옥 글씨.
아래   임순례, 이미례, 이정향 감독과 서울에서. 2000년.

는 참 즐거운 시절이었다. 워싱턴 시 근교 알렉산드리아 어느 묘지에 그녀는 잠들고 있는지. 60년 가까운 우리의 우정을 눈물로 되새기고 싶다.

김신재, 홍은원. 이제 두 사람 다 저세상으로 가고 나 홀로 남아서 생각한다. 인생이란 별거 아니었다는 생각과 인생은 무엇보다 소중한 것이다 하는.

사람들은 늙으면 "빨리 죽고 싶다. 집안사람들 폐 끼치지 않게……" 말하지만 내가 생각하기엔 거짓말이다. 나는 하루라도 더 살고 싶다. 붉은악마들이 세계 축구 4강에 가는 것을 보아서가 아니고 내가 할 일이 아직 남아 있는 것 같아서다. 하나 있는 딸이 건강하게 살아가는가 지켜보고 싶고, 우리나라 여성 영화인들이 좋은 작품을 만들고 세계로 진출하는 것도 보고 싶다. 지구가 피로해서인지 지각변동이 생긴다는데 그 이치도 알고 싶다. 세계에서 으뜸가는 힘을 가진 나라여서 그런지 몰라도 부시 대통령이 전쟁을 너무 좋아하는 것 같아 그것이 걱정이다.

베란다 문을 여니 멕시코 음악이 시끄럽다. 피리 소리, 꽹과리 소리, 어떤 때는 폭죽 소리도 난다. 토요일, 일요일이면 나는 어김없이 경북 영천 시절로 돌아간다. 돈으로도 살 수 없는, 영 돌아오지 않는 아름다운 그 시절. 젊은 멕시코 사람들은 무엇이 그리도 좋고 재미있는지 시끄러운 음악에 취해 살고 있고, 12층의 노인 아파트에 사는 우리들은 조용히 지난날을 회상한다. 오늘도 나는 지나간 인생을 정리해본다.

나의 어머니, 박남옥

　옥천동 살 때였다. 동네에 피아노 선생님이 있었다. 같은 나이에 같은 동네에 살고 있던 사촌 건진이, 행숙이와 나, 우리 셋은 멋진 2층 양옥집에 사는 피아노 선생님에게 레슨을 받으러 다녔다. 선생님은 얼굴도 예뻤다. 나는 선생님의 촉망을 받으며 피아노 공부를 시작했는데, 머지않아 촉망은 실망으로 변하기 시작했다. 집에서 연습을 해 오지 않았기 때문에, 그 귀한 레슨 시간이 곧 연습 시간이 된 셈이었다.

　할아버지, 할머니, 이모, 삼촌, 엄마, 일하는 아줌마 이렇게 살던 옥천동 한옥집에 피아노는 없어 연습을 못 했던 것이다. 설령 피아노가 있었다 해도 밖에 나가 놀 궁리만 하고 있던 내가 연습을 했을까는 의문이지만.

　한편 건진이와 행숙이 집에는 피아노가 있었다. 결국 건진이네, 즉 출판사 이모네 집(엄마의 둘째 언니이자 동아출판사 사장 부인, 무엇보다 영화 〈미망인〉의 자본주였던 이모를 우리는 출판사 이모라고 불렀다)에 가시 하루 한 시간 연습하는 제도가 생겼다. 얼마 안 가 그마저도 시들해져, 나는 선생님들을 제일 피곤하게 하는 학생, 즉, 연습을 해 오지 않는 학생으로 전락해버렸고, 그러자 나도 용기를 잃기 시작했다.

어느 날 저녁 실컷 놀다 집에 들어오니, 마루 구석에 아주 작은 피아노가 차분히 놓여 있었다. 엄마는 자랑스럽게 그 피아노를 나에게 소개했다. 나는 활짝 웃으며 피아노 앞에 앉아 뚜껑을 열고 치기 시작했다. 그 피아노는 큰 페달이 밑에 있었는데, 발로 이리저리 작동을 해도 내가 치고자 하는 대로 곡이 나와주지 않았다. 그제야 나는 그 피아노가 왜 그렇게 유별나게 작았는지 이해했다.

"이건 풍금이란 말이야아! 피아노가 아니란 말이야아! 엄마는 풍금하고 피아노가 다른지도 모르면서어!"

주저앉아 소리를 지르며 울어댔다. 엄마는 미안해하고 무안해했다. 그 애꿎은 풍금은 아무도 손대는 사람 없이 마루 구석에 그렇게 놓여 있다가, 한 달인가 후 없어졌다. 엄마가 돈을 빌려 월세로 대여해 왔던 것이었다. 피아노 대여는 액수가 더 높아 대신 풍금을 빌려왔던 것이었다.

이해 4월 엄마가 간 후, 거의 매일 울 일이 생긴다. 이 풍금 사건이 기억나자 나는 그 자리에 주저앉았다. 아무리 아이였지만 그냥 기쁜 척하면서 칠걸. 그냥 감사할걸. '엄마가 불쌍하다' '엄마한테 미안하다' '그런데 사과할 길이 없다' 이래서 매일 우는 것이다. 이렇듯 후회와 미안함으로 가슴이 미어지는 사건은 풍

박남옥

금 건 외에도 너무나 많다. 너무도 많아서 책 한 권, 아니, '불효 시리즈'를 낼 수 있을 정도다.

'불효 시리즈'를 쓰지 않고도 어느 정도는 죄 사함을 받을 길이 나에게 주어졌다. 엄마가 남기고 간 숙제를 열심히 하는 것이 그 죄 사함의 기회다. 엄마는 열몇 개의 박스와 〈미망인〉이라는 영화 한 편을 남기고 갔다. 열몇 개의 박스. 사람의 90년 넘은 인생이 박스 열몇 개로 종결. 그만 하면 법정 스님한테 크게 야단 맞을 일은 없겠다. 그러고 간 엄마가, 은수저 세트, 보석 장신구, 장롱, 냉장고, 이런 것들을 남기지 않고 담백하게 박스만 남기고 간 엄마가 멋있는 인간이라는 생각이 들었다. 일단 나는 그 박스들을 두 가지로 분류했다. 사진 박스와 글 박스. 사진 박스에는 수만 장의 사진, 글 박스에는 편지, 낙서, 카드(엄마는 특히 크리스마스카드를 좋아했다), 그리고 엄마가 쓴 자서전 원고가 있었다. 이 자서전 원고를 컴퓨터로 옮기는 것이 나의 임무였다.

열심히 옮겼다. 그게 무슨 큰일인가 하겠지만, 우리 친척들은 큰일이라고 인정해준다. 우리 친척들은 엄마에게서 편지나 카드를 받으면 세 가지 반응을 보인다. 나중에 읽자, 안 읽어봐도 되겠지, 아니면 그룹으로 모여 앉아 글자 해독 스터디를 하는 착실한 반응. 엄마의 글씨는 상형문자였던 것이다. 나는 이 상형문자 해독에 머리가 깨질 지경이었다. 거기다 한자와 일본 가나까지 섞여 있어, 간간히 엄마와 확인해가며 진행했다. 몇 해 동안 집필하며 엄마의 모습은 점점 피폐해졌다. 뭉텅이로 빠져 몇 가닥 남은 흰 머리카락은 바람에 힘없이 휘날려 아인슈타인 헤어스타일이 되었다. 눈은 패기가 없어 무엇이 빠져나간 듯, 마치 포로수용소에서 오랜 고문 끝에 밖으로 기어 나온 사람 같았다. 사람이 이렇게까지 피폐해지면서 글을 써야 되나 할 정도로 폐인의 몰골이 되어가며 엄마는 원고를 썼고, 나는 매일 저녁 그 상형문자를 컴퓨터로 옮겼다. 치열하게 살아온 그녀의 이야기를 읽으며 페이지마다 펑펑 울며 옮겼다.

그리고 두 번째 숙제인 사진 박스들. 그게 무슨 큰일인가 하겠지만, 이 역시 우리 친척들은 익히 알고 있는 상황이 있다. 그 수만 장의 사진들은 거의 80퍼센트가 훼손된 상태다. 인민군이 쳐들어오면서 훼손하거나 그런 게 아니고 엄마 자신이 그렇게 한 거다. 사진을 일단 오린다. 인물만 남기고 주변을 오려내는 것이다, 그것도 공간 여유 없이 인물의 얼굴선에 딱 맞춰서 정확하게 오린다. 그 얘기를 들은 어느 젊은이가 나에게 "인간 포토샵이네요, 하하" 했다. 그런 다음 그 불쌍한 사진은 이 스크랩북에서 저 스크랩북으로 떠돌게 되는데, 처음에는 밥풀로 붙여진다. 얼마 후 다른 스크랩북으로 옮겨질 때 2차 훼손이 이루어지며, 인물의 얼굴이 약간 잘려 나간다. 그러면 즉시 스카치테이프가 등장한다. 스카치테이프로 얼굴 형상을 유지하게 된 그 사진은 다른 스크랩북에 다시 밥풀로 붙여진다. 이러한 작업을 수십 년간 여러 차례 겪어낸 사진들은 제 몰골이 아니다. 네거티브도 남아 있지 않는 1940, 1950년대의 사진, 한국 영화사에 무언가 자료가 될 수도 있는 사진들을 말하는 것이다.

엄마가 1960, 1970, 1980년대에 한복을 입고 옷고름 대신 브

로치를 달고 서울의 거리를 활보하던 모습이 담긴 사진들을 보며 노스탤지어에 빠진다. 한복은 주로 아기자기한 꽃무늬 옷감이었고, 옷고름 대신 달았던 가짜 보석 브로치는 디자인도 재미있었다. 무슨 이유인지 엄마는 항상 한복을 입고 고무신을 신고 다녔다. 신재 아줌마나 홍은원 아줌마가 양장으로 멋을 내고 나타날 때 우리 엄마는 미장원에서 고데기 하고 소위 후카시 넣은 머리에 한복을 입고 외출한다. 그러나 절대 다소곳한 자태가 아닌 활달한 발걸음으로 서울의 거리를 걸어 친구들과 만나고, 아버지 어머니를 위해 간식거리와 천식약을 사고, 명동 뒷골목에서 일본 영화잡지 〈에이가 노 도모映画の友〉를 사고, 돈을 구하러 혹은 빌려주러 사람을 만나고, 골치 아픈 일을 앞두고는 다방에 들어가 아늑한 구석 자리에 앉아 담배를 피우며 생각을 정리하고는 그 골치 아픈 일을 정면충돌로 해결하며 그렇게 살았다. 씩씩한 척하며 상처를 감추고 외로움을 못 본 척하며 치열하게 살았던 엄마의 모습이 이 사진들에 담겨 있다.

이러한 엄마의 글과 사진들이 책으로 기록되게 된 것은 너무도 고마운 일이다. 원고는 컴퓨터로 다 옮겼으나, 집안이 동아출판사와 더 이상 관련이 없는 지금, 어떻게 출판해야 하나 걱정하고 있었는데, 명필름 심재명 대표님의 출판사 추천으로 그 걱정은 한 방에 날아갔다.

글과 사진 외 엄마가 나에게 남기고 간 세 번째 숙제는 〈미망인〉이라는 제목의 영화다. 투포환 선수였던 엄마는 〈미망인〉이라는 포환을 던진 후 그걸 주우러 가지 않았다. 그게 어디쯤 가 떨어져 있는지도 몰랐다. 좌절과 상처를 안겨준 그 포환을 던진 후, 새 포환을 던지지 못하고 엄마는 투포환장을 영영 떠났다. 나는 그 선수의 외동딸이라는 이유로 그 투포환을 주워 자료 정리를 하는 임무를 받았다. 사는 일로 지칠 때는 신경질을 내며 그 임무를 수행했다. 지금은 후회와 그리움으로 그 일을 하고 있다. 신경질 낼 때가 훨씬 쉬웠다.

어렸을 때나 지금이나 항상 듣는 얘기는 내가 엄마 얼굴을 많이 닮았다는 얘기. 그 말은 언제나 내 가슴에 비수처럼 꽂혔다. 우리 엄마는 못생기고 주책스럽고 과격한데, 나는 그렇고 싶지 않았기 때문이다. 난 엄마가 창피했고 엄마처럼 되지 않으리라 굳건히 다짐하며 컸다. 한데 그건 주제넘은 걱정이었다는 것을 엄마가 간 후 알게 되었다. 그녀가 남기고 간 원고를 다시 읽으며 깨달은 건, 나는 엄마를 닮기는커녕 비슷한 거리도 근접하지 못한다는 것. 얼굴 생김은 어떤지 몰라도 인간 구성에 있어서 나는 비슷하지도 않은, 흉내도 못 내는 소인배인 것이다.

그녀는 멋진 인간이었다. 용기와 신의가 있는, 통이 크고 인간미가 있는, 성실한 노동 철학을 가진, 그리고 사랑이 있는 그런 따뜻한 사람이었는데, 이 철없는 딸은 그런 그녀에게 걸맞은 대우를 하지 못했다. 지금 와서야 미안하고 보고 싶다. 그녀가 살아낸 진주-마산 간 완행열차 안에서의 좌절, 화신 앞에서 그리고 천안역에서 얻은 상처, 그 상처로 인해 앓게 된 중병이 좀 덜 아프도록, 다음에는 효도하는 사람이 되고 싶다.

이 책이 출간되기까지 여러 분들의 도움이 있었다. 여성영화

박남옥

인모임, 서울여성영화제 팀, 심재명 대표님, 임순례 감독님, 조윤주 작가님, 그리고 박남옥을 아껴준 분들에게 감사의 마음을 보낸다.

2017년 10월

로스앤젤레스에서

이경주

1997년 아버지와 재회한 이경주.